성기능 장애

15
Abnormal Psychology

하승수 지음

_ 감추면 심리장애, 이해하면 삶의 행복

학지사

'이상심리학 시리즈'를 내며

21세기를 살아가는 우리는 급격한 변화와 치열한 경쟁으로 이루어진 현대사회에 적응해야 하는 커다란 심리적 부담을 안고 있다. 이러한 현실 속에서 현대인은 여러 가지 심리적 문제와 장애에 직면하게 될 가능성이 높다.

정신건강에 대한 사회적 관심이 증대되면서, 이상심리나 정신장애에 대해서 좀 더 정확하고 체계적인 지식을 접하고자 하는 사람들이 늘어나고 있다. 그러나 막상 전문서적을 접하게 되면, 난해한 용어와 복잡한 체계로 인해 쉽게 이해하기 어려운 것이 현실이다.

이번에 기획한 '이상심리학 시리즈'는 그동안 소수의 전문가에 의해 독점되다시피 한 이상심리학에 대한 지식을 일반 독자들에게 소개하기 위한 것이다. 이를 위해서 다양한 정신장애에 대한 최신의 연구 내용을 가능한 한 쉽게 풀어서 소개하려고 노력하였다.

'이상심리학 시리즈'는 서울대학교 심리학과 임상·상담 심리학 교실의 구성원이 주축이 되어 지난 2년간 기울인 노력의 결실이다. 그동안 까다로운 편집 지침에 따라 집필에 전념해준 집필자 모두에게 감사드린다. 아울러 어려운 출판 여건에도 불구하고 출간을 지원해주신 학지사 김진환 사장님과 한 권 한 권마다 좋은 책이 될 수 있도록 성심성의껏 편집을 해주신 편집부 여러분에게 고마움을 표한다.

인간의 마음은 오묘하여 때로는 "아는 게 병"이 될 수 있다. 그러나 이러한 우려보다는 "아는 게 힘"이 되어 보다 성숙하고 자유로운 삶을 이루어나갈 수 있는 독자 여러분의 지혜로움을 믿으면서, '이상심리학 시리즈'를 세상에 내놓는다.

서울대학교 심리학과 교수

원호택, 권석만

2판 머리말

성性은 동전의 양면과도 같은 인간 삶의 영역이다. 누구나 관심을 갖고 있지만 어느 누구도 말하기 쉽지 않은 주제이며, 인간의 가장 기본적인 욕구나 가장 저평가받는 연구 분야이기도 하다. 이 책의 목적은 성과 관련된 심리학적 이해의 중요성을 인식하고, 인간의 성행동을 건전한 방향으로 개선할 수 있는 기초 지식을 공유하기 위함이다.

성과 관련된 부적응을 경험하고 있는 사람은 대부분 자신의 문제를 쉽게 꺼내어 놓기 어렵다. 그 문제가 '성기능'과 관련된다면 더욱 그러하다. 그러나 성기능의 문제로 인해 부부관계나 이성관계에서 고민하는 사람들이 의외로 많고, 이는 더 증가하는 추세를 보인다. 또한 성기능과 관련된 문제의 주된 원인은 심리적인 부분으로부터 발생하는 경우가 상당한 것도 사실이다. 그런 점에서 볼 때, 심리학은 인간의 성욕 및 성행동을 설명하는 다양하고 체계적인 이론적 접근을 제공해 줄 수 있고, 보다 건전하고 적응적인 성행동을 위한 합리적인 개입방법들을 제언해 줄 수 있다.

　이 책은 최신의 정신장애 분류기준에 근거하여 다양한 성기능 장애와 관련된 심리학적 내용을 소개하고 있다. 특히 성기능 장애를 유발하는 여러 가지 심리적 원인에 대해서 상세히 설명하고 있으며, 각각의 장애를 치료할 수 있는 개입방법을 제시하고 있다. 이 책을 통해 인간의 성행동과 관련된 심리학적 지식들을 이해하고, 성기능 문제의 극복을 넘어 행복한 삶 속에서 건전한 성생활을 향유할 수 있기를 바란다.

2016년
하승수

차 례

'이상심리학 시리즈'를 내며 _ 3
2판 머리말 _ 5

1 성행동과 심리학 ─ 11

1. 인간의 성행동과 심리학의 관계 _ 13

2. 인간의 성행동에 대한 다양한 심리학적 관점 _ 16

3. 한국사회의 성적 태도 및 성행동 _ 20
   1) 한국인의 성행동 / 21
   2) 한국인의 성기능 장애 / 23
   3) 한국 사회에서의 비아그라 열풍 / 25

4. 사례로 보는 성기능의 문제 _ 27

5. 성반응 단계와 성기능 장애 _ 33
   1) 남성의 성반응 주기 / 34
   2) 여성의 성반응 주기 / 38

2 성기능 장애란 무엇인가 ── 43

　1. 남성의 성기능 장애 _ 46

　　1) 남성 성욕감퇴 장애 / 46

　　2) 발기장애 / 49

　　3) 조루증 / 53

　　4) 지루증 / 57

　2. 여성의 성기능 장애 _ 59

　　1) 여성 성적 관심/흥분 장애 / 59

　　2) 여성 절정감 장애 / 63

　　3) 생식기─골반 통증/삽입 장애 / 66

3 성기능 장애는 왜 생기는가 ── 69

　1. 매스터스와 존슨의 이론 _ 71

　　1) 성기능 장애의 즉시적 원인 / 73

　　2) 성기능 장애의 역사적 원인 / 75

　2. 정신분석적 설명 _ 81

　　1) 남성의 성기능 장애 / 82

　　2) 여성의 성기능 장애 / 84

　3. 인지 이론적 설명 _ 88

　　1) 성에 대한 역기능적 신념 / 90

　　2) 성행위 시의 부정적 사고 / 92

4. 윈즈의 이론 _ 94

  1) 성기능 장애에 영향을 미치는 요인 / 94

  2) 성기능 장애의 설명 모델 / 99

5. 생물학적 원인 _ 103

  1) 신체적 질병 / 103

  2) 약물 복용 / 105

  3) 연령 증가에 따른 신체의 노화 / 106

4 **성기능 장애를 어떻게 치료할 것인가** — 109

1. 매스터스와 존슨의 성치료 _ 111

  1) 성치료법의 특징 / 111

  2) 성치료의 원리 / 113

  3) 감각집중법 / 117

2. 행동주의적 성치료 _ 126

  1) 체계적 둔감법 / 128

  2) 모델링 / 130

  3) 자위행위 훈련 / 132

3. 캐플런의 성치료 _ 136

  1) 불안과 성기능 장애 / 136

  2) 캐플런 성치료의 특성 / 138

  3) 성기능 장애의 종류에 따른 치료 전략 / 139

4. 약물치료와 외과적 치료 _ 150
  1) 약물치료 / 150
  2) 외과적 수술 / 157

5. 성기능 장애의 자가치료 _ 161
  1) 남성 성욕감퇴 장애와 여성 성적 관심/흥분 장애의
     자가치료 / 163
  2) 발기장애의 자가치료 / 165
  3) 조루증의 자가치료 / 168
  4) 여성 절정감 장애의 자가치료 / 171

6. 일반적인 치료법 _ 175
  1) 성교육 / 175
  2) 불안 감소 / 177
  3) 태도와 사고의 변화 / 179
  4) 성적 기술의 학습 / 180
  5) 효율적인 의사소통과 풍요로운 성생활 / 182

참고문헌 _ 187
찾아보기 _ 189

성행동과
심리학

1. 인간의 성행동과 심리학의 관계

2. 인간의 성행동에 대한 다양한 심리학적 관점

3. 한국사회의 성적 태도 및 성행동

4. 사례로 보는 성기능의 문제

5. 성반응 단계와 성기능 장애

1. 인간의 성행동과 심리학의 관계

'성sex은 당신의 삶에서 얼마나 중요한가?'

2002년 한 제약회사는 인간의 성욕에 대한 국가 간 비교 연구를 실시하였다. 세계의 각 지역아프리카와 중동, 아시아, 오스트레일리아, 유럽, 남미, 북미 등을 대표하는 29개 나라에서 40~80세에 해당하는 26,000여 명의 성인 남녀를 대상으로 실시한 대규모 연구였다. 성의 중요성에 대한 긍정적 반응 비율이 가장 높은 나라는 어디일까?

이 연구의 조사결과를 살펴보면, 이 질문(성은 당신의 삶에서 얼마나 중요한가?)에 긍정적인 방향('적당히' '많이' '아주 많이')으로 대답한 사람의 비율은 한국(87%)이 가장 높게 나타났다. 달리 말하자면, 한국의 성인들이 '성sex'을 매우 중요하게 생각하고 있다는 사실을 나타낸다.

그럼에도 불구하고, 아직 우리 한국 사회에서 성과 관련된

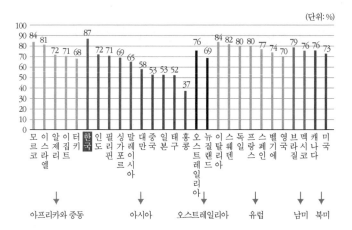

〈당신의 삶에서 성이 얼마나 중요합니까?:
'아주 많이' '많이' '적당히' 중요하다고 대답한 비율〉

출처: Pfizer(2002).

믿을 만한 정보를 얻을 수 있는 곳은 부족하며, 한국 사회의
성행동이 건강한 방향으로 나아가고 있다고 말하기도 어려운
현실이다. 성행동에 대한 역학조사 연구(Moreira, Kim, Glasser,
& Gingell, 2006) 결과에 따르면, 다른 아시아 국가에 비해 한국
남성의 '조루 문제(33%)' '발기 부전(32%)', 한국 여성의 '성욕
부진(37%)' '성만족 저하(31%)' 등의 성행동 문제는 더욱 빈번
히 보고된 바 있다.

　성행동sexual behavior이 종족 보존을 위한 동물의 본능적 행동

이라는 사실을 우리 모두 잘 알고 있다. 게다가 성욕sexuality은 유독 인간 사회에서만 독특한 양상을 보인다. 본능적인 교미 의식을 넘어서서 성에 대한 생각, 법률, 관습, 환상, 예술 등을 창조해 낸 것은 오직 인간만이 해당된다. 성욕에 대한 연구 주체를 살펴보면, 성과학자, 의사, 사회학자, 생물학자, 인류학자, 정치학자, 심리학자, 역사학자, 건강 관련 전문가 등을 들 수 있다. 인간의 삶에서 성욕보다 더 모순되고 혼란스러운 것처럼 보이는 영역이 없다.

이처럼 모든 동물의 공통된 본능이면서 인간 사회에서만 독특한 양상을 보이는 성행동을 설명하기 위한 이론적 접근으로 가장 뿌리 깊은 학문적 접근은 심리학psychology이다. 성욕을 설명하기 위한 가장 정교한 학문적 영역임과 동시에 성과 관련된 이상행동에 대한 체계적인 분류 및 치료 개입 방법을 제시해 줄 수 있는 학문 분야도 심리학이다. 따라서 심리학은 인간의 성욕 및 성행동을 설명하는 가장 체계적이고 합리적인 이론적 접근으로서, 보다 건전하고 행복한 성생활을 위한 개입을 제공해 줄 수 있다. ❖

2. 인간의 성행동에 대한
다양한 심리학적 관점

　인간의 성행동을 설명하는 심리학 이론 중에서 가장 영향력 있는 것은 지그문트 프로이트s. Freud의 정신분석 이론이다. 인간의 심리적 현상에 대한 정신분석 이론의 기본 가정을 살펴보면 크게 3가지로 요약할 수 있는데, 그 마지막 가정이 인간의 성과 관련된다. '성욕은 인간의 가장 기본적인 욕구이며, 무의식의 주요한 내용을 구성한다.' 따라서 이러한 성욕은 인간 사회의 도덕적 기준에 위배되기 때문에 억압되어 무의식 속에 자리 잡게 되며 인간의 행동에 지대한 영향을 미치게 된다는 설명이다. 프로이트의 유아성욕설infantile sexuality에 따르면, 어린아이는 감각적 쾌락을 추구하는 성욕을 지니고 있으며, 쾌락을 추구하는 신체부위가 나이에 따라 심리성적 발달 psychosexual development을 보이고 이러한 욕구충족 경험이 그들의 성격 형성에 중요하다. 예를 들어, 아동발달의 3~6세에 해당하는 남근기phallic stage에는 오이디푸스 콤플렉스로 인해 거세 불안을 갖게 되고, 성인이 된 후 부적응적인 양상으로 발전할 경우 이는 발기불능에 대한 정신분석 이론의 설명이 될 수 있다.

엄격한 과학정신에 근거한 행동주의 이론에 따르면, 우리 인간은 성적 행동을 비롯한 많은 행동을 강화와 처벌을 통해 학습하게 된다. 따라서 학습된 부적응적 문제행동을 제거하거나 새로운 적응적 행동을 학습함으로써 문제행동의 개선을 도모할 수 있다는 설명이다. 예를 들면, 어떤 성인 남성이 동성의 아동들만을 파트너로 성교를 하는 문제행동을 보이는 경우, 혐오적 조건형성aversive conditioning을 통해 이상행동을 수정할 수 있다. 즉, 남자아이의 사진을 보여 준 후 발기 시 성기에 전기충격을 주면, 아동성애조건자극와 전기충격무조건 자극 사이의 관계가 학습되어 이상행동의 빈도를 줄일 수 있다.

앨버트 밴듀라A. Bandura와 같은 사회학습 이론가들은 '내적 사건과 외적 사건이 모두 행동에 영향을 미칠 수 있음'을 가정하여, 동일시와 모방의 개념으로 인간의 성행동을 설명할 수 있다고 하였다. 이들은 동료의 압력 또한 성욕에 영향을 미칠 수 있으며, 매스미디어, 문학작품, 또래집단 등의 영향으로 바람직하게 간주되는 행동을 학습하게 된다고 주장한다.

개인의 주관적 경험을 중시하는 인지 이론은 객관적 현실
보다는 주관적 현실이 중요하다고 보기 때문에, 구성된 의미,
해석, 생각에 초점을 맞추어 인간의 성행동을 설명한다. 인지
이론가들에 따르면, 가장 중추적인 성기관은 '사고해석'다
(Walen & Roth, 1987). 성적인 각성은 결국 인간이 그렇게 생각
하고 해석하기 때문이라는 설명이다. 예를 들어, 성행동 중에
오르가슴을 경험하지 못한 경우 서로 다른 해석에 따라 상이
한 결과로 이어질 수 있다. '오늘 내가 많이 피곤해서 오르가
슴을 느끼지 못했지만 다음에는 잘 될거야.'라고 생각한다면
아무 문제가 없는 데 반해, '오르가슴을 느끼지 못했으니 나는
성적 무능력자야.'라고 생각한다면 우울이나 불안의 심리장애
로 연결될 수 있다.

진화심리학 이론의 관점에 따르면, 성행동은 남녀가 지속
적인 유대관계를 통해서 종족을 보존하려는 진화의 산물이다.
또한 남녀는 종족보존에 기여하는 역할이 다르기 때문에 이성
관계를 위한 파트너를 선택하는 성적 책략이 상이하다. 예를
들면, 남성은 단기적인 관계를 통한 개체 수 번식에 초점을 두
기 때문에 젊고 건강하고 아름다운 여성에게 매력을 느끼고,
여성은 지속적인 보호와 지원에 초점을 두기 때문에 재력을
지닌 근면한 남성에게 매력을 느끼게 된다는 설명이다.

이처럼 정신분석 이론, 행동주의 이론, 사회학습 이론, 인지

이론, 진화심리학 이론을 포함한 다양한 심리학적 관점에서 인간의 성욕 및 성행동을 설명하는 내용들을 살펴볼 수 있다. 더불어, 성과 관련된 이상행동에 대한 체계적인 분류와 치료적 개입 방법들을 모색해 볼 수 있으며, 보다 건강하고 풍요로운 성생활을 향유하기 위한 제언들도 가능하다. ◆

3. 한국사회의 성적 태도 및 성행동

문화란 사회적 구조, 역사적·발달적 맥락, 적절하고 부적절한 행동에 대한 기준들, 태도, 신념, 가치 등을 폭넓게 고려한 개념으로서, 인간의 성과 관련된 현상을 올바르게 이해하기 위해서는 문화권을 고려하지 않을 수 없다. 한국 사회도 독특한 성적 태도와 성행동의 경향성을 보인다. 이를 좀 더 객관적으로 살펴보기 위해서는 실증적이고 경험적인 연구 결과를 살펴보아야 한다. 그러나 성생활은 매우 사적인 삶의 영역이기 때문에 친한 친구 사이에도 언급하기 어려운 주제다. 과연 다른 사람들은 어떻게 성생활을 하고 있을까? 특히 한국인의 성생활은 어떠한가? 한국인 중 얼마나 많은 사람이 어떤 성기능의 문제로 고민하고 있을까?

미국에서는 1948년과 1953년에 킨제이 연구 집단이 대대적인 조사를 실시하여 미국인의 성행동에 관한 연구 결과를 보

고한 바 있다. 그 후에도 일련의 대대적인 조사를 통하여 성행
동의 시대적인 변화를 추적하여 보고하고 있다. 그러나 우리
나라에서는 이러한 연구가 매우 미흡한 상태다. 전국적으로
다양한 연령층의 남녀를 대상으로 하여 종합적인 성행동과 성
의식을 조사한 자료도 매우 드물다. 다만, 제한된 지역에 거주
하는 한정된 연령층을 대상으로 한 몇몇 조사 결과가 발표되
어 있을 뿐이다. 다음은 한국인의 성생활과 성기능 문제를 살
펴볼 수 있는 몇 가지 연구 자료다.

1) 한국인의 성행동

  비뇨기과 전문의인 이윤수는 1997년에 6개월 동안 25세 이
상의 건강한 성인 남성 2,400여 명을 대상으로 61개 항목에 걸
쳐 각종 성의식 및 성생활에 관한 설문조사를 실시하였다. 이
조사 결과에 따르면, 참여한 대상자의 28.6%가 발기가 전혀
안 되거나 제대로 안 된다고 응답하였다. 연령별로는 60대가
53.2%로 가장 높았고, 50대는 46.1%, 40대는 27.1%로 나타났
다. 이러한 결과는 다른 국가에 비해 한국 남성들이 발기와 관
련된 문제를 많이 지니고 있음을 보여 준다.

  또한 이 연구에서는 한국인의 성행동을 살펴볼 수 있는 여
러 가지 중요한 결과가 조사되었다. 성행위의 빈도는 나이가

많을수록 줄어드는 경향을 보였는데, 20대의 경우 주 3~4회
가 전체의 27.2%로 가장 많았고, 그 다음은 주 2회로서 전체의
24.9%였다. 30대의 경우는 주 2회가 41.9%로 가장 많았으며,
다음으로 주 1회가 26.2%였고, 주 3~4회는 18.6%였다. 40대
와 50대의 경우는 주 1회가 각각 39.1%와 32.7%로 가장 많았
으며, 50대에는 월 2회 성행위를 하는 빈도가 전체의 27.2%에
달했다. 60대의 경우에는 주 1회가 24.5%였고, 월 1회가 17.3%
였으며, "전혀 하지 않는다."는 응답도 16.3%에 달했다.

성교 시 성기를 삽입한 후 사정까지 걸리는 시간은 평균
9.45분으로 나타났다. 연령별로는 30대가 9.9분으로 가장 길었
고, 50대가 9.76분, 20대가 9.07분의 순이었다. 시간별로는 5~
10분이 전체의 28.6%로 가장 많았고, 3~5분이 24.2%, 10~
20분이 17.2%였다. 1분 미만은 3.9%였고, 30분 이상은 2.4%였
다. 응답자의 41.4%가 자신을 조루라고 응답했으나, 의학적
의미에서 조루증 환자로 흔히 판단하는 사정 시간인 3분 이내
의 경우는 28.6%로 예상했던 것보다는 적은 것으로 나타났다.
사정하는 데에 걸리는 시간이 5분 미만일 경우에 불만족률이
50%를 웃돌았으나, 5~10분일 경우에는 만족률이 69.7%에
달했다.

또한 삽입을 시작하기 전 성적인 행위를 하는 전희 시간은
5~10분이 40.7%로 가장 많았고, 5분 미만(33%), 10~20분

(17.1%), 20분 이상(5.8%), 없음(3.4%) 등의 순이었다. 기혼 남성의 47.4%가 평소 자위행위를 한다고 응답하였다. 이 밖에도 응답자의 4.3%가 정력제를 복용하고 있었으며, 그중 40~50대가 5.8%로서 가장 많았다. 응답자의 17.4%는 파라핀 주사 등 각종 보조약물 및 기구를 사용한 경험이 있다고 응답하였다.

2) 한국인의 성기능 장애

오스트레일리아에서 활동하는 심리학자인 홍성묵은 한국 남성이 경험하는 성기능의 문제를 살펴볼 수 있는 중요한 연구를 시행하였다. 1997년에 시행된 이 연구(홍성묵, 1999)는 발기장애 문제를 지닌 한국 남성으로서 전화 상담에 자발적으로 응한 1,700여 명을 대상으로 이루어졌다. 조사 대상자의 연령 분포는 23~76세였으며 90%가 기혼자였다.

이들이 호소한 발기장애를 유형별로 살펴보면 조루가 46%로 가장 많았으며, 불완전한 발기 34%, 조루와 발기문제 17%, 완전 발기불능 3% 순으로 나타났다. 20~40대의 연령층에서는 발기문제에 비해 조루가 주된 문제였으나 50대 이상에서는 반대로 발기문제가 주된 증상이었다.

조사 대상자에게 이러한 문제의 주된 원인을 스스로 평가하게 한 결과, 조루의 경우는 심리적 문제(20%), 음주와 흡연 (12%), 스트레스(12%), 음주(10%), 흡연(9%)의 순서로 나타났 다. 불완전한 발기의 경우는 스트레스(15%), 심리적 문제(12%), 음주(11%), 음주와 흡연(9%), 당뇨(9%)로 나타났다. 완전 발기 불능의 경우는 스트레스(18%), 당뇨(15%), 사고(9%), 흡연(9%) 등의 순서였다. 이러한 결과는 발기장애가 신체적 원인보다 심리적인 문제나 스트레스, 흡연 및 음주 등과 밀접하게 관련 되어 있음을 시사한다.

이러한 발기장애를 지녀온 기간은 조루의 경우 1년 미만이 10%, 1~5년 46%, 6~10년 21%, 11~15년 5%, 그리고 16년 이상이 18%로 나타났다. 발기문제의 경우는 1년 미만 20%, 1~ 5년 66%, 6~10년 10%, 그리고 11년 이상이 4%로 나타났다.

아울러 이러한 발기장애로 인해 고통받는 조사 대상자의 87%는 전문가를 통한 치료의 노력을 전혀 시도하지 않았으며, 13%만이 치료를 시도한 경험이 있었으나 여전히 효과적인 치 료 방법을 모색 중이라고 응답하였다. 이 연구 결과는 한국 남 성들이 발기장애를 오랫동안 지닌 상태에서도 전문적인 치료 를 받으려는 노력을 기울이지 않고 있음을 보여 준다.

3) 한국 사회에서의 비아그라 열풍

비아그라는 실데나필이라는 약품의 상품명이며, 비거vigor
와 나이아가라niagara가 합성된 의미다. 즉, 나이라가라 폭포처
럼 흘러넘치는 정력을 의미한다. 원래는 심장병 치료제를 개
발하는 과정에서 우연히 발기력을 향상시키는 약물을 발견함
으로써 탄생되었다. 우리나라에서는 한때 판매가 금지되었다
가 1999년 후반부터 시판이 허용되었다. 이후 폭발적인 관심
을 불러일으키며 열광적인 구매 양상이 이어졌는데, 이는 발
기부전이라는 성기능 문제로 고민하는 사람들이 많음을 의미
한다고 해석할 수 있다.

우리나라 사회는 성에 대한 태도가 개방적이지 못한 측면
을 지닌다. 한국 사람들은 성을 매우 중요하게 생각하고 있
지만, 태도는 닫혀있는 모습을 보인다. 청소년기부터 성교육
을 받기는 하나, 성교육의 내용은 딱딱하고 학생들의 관심을
충족시켜주지 못하는 것이 현실이다. 따라서 우리 청소년들
은 미디어와 인터넷에서 잘못된 성 지식을 습득할 가능성이
높다.

성과 관련된 올바른 지식을 얻을 수 있는 통로가 자리를 잡
아야 한다. 이러한 그릇된 현실을 바로 잡기 위한 방법으로는
성과 관련된 심리적인 문제의 해결을 위한 전문가 양성이 시

급하며, 성전문가가 운영하는 클리닉 설치 및 운영 등에 관한 교육적 · 제도적 뒷받침이 필요하다. ❖

4. 사례로 보는 성기능의 문제

만족스러운 성생활은 행복한 부부관계의 필수조건이다. 성기능의 문제로 성생활이 원활하지 못하면 삶의 다른 조건이 잘 충족되어도 삶에 만족하기 어렵다. 이처럼 우리를 불행하게 만드는 성기능의 문제는 매우 다양하다. 먼저, 성기능 장애를 호소하는 몇 가지 사례를 통해 성기능 장애의 실상과 삶에 미치는 부정적인 영향을 살펴보기로 한다.

• 밤이 두려운 40대 M씨

40대 초반의 남성인 M씨는 요즘 심한 좌절감에 빠져있다. M씨는 6개월 전만 해도 대기업의 과장으로 직장에서 유능함을 인정받으며 행복한 가정생활을 하고 있는 자신만만한 사람이었다. 그런 M씨에게 고민이 시작된 것은 6개월 전 어느 날 밤이었다. 그날도 직장에서 바쁜 일과를 끝내고 직장 동료와 술을 마신 후에 귀가하여 아내와 잠자리에 들었다. 그동안 부부간의 성생활에 별 문제가 없었던 M씨는 그날도 평소처럼 아내와 성관계를 맺으려 하였다. 그러나 그날은 평소처럼 발기가 잘 되지 않았다. 아내의 애무로 다소 발기가 되었다가도 삽입을 하려 하면 위축되곤 하였다. 몇 번의 시도에도 불구하고 끝내 성관계를 할 수 없었고 아내에게 다소 미안한 생각이 들었지만, 당시에는 취기 때문이라고 생각하였다.

다음날 밤에 또다시 아내와 성관계를 시도하였다. 어제의 실패를 보상하기 위해서 오늘은 아내와 평소보다 멋진 성관계를 맺을 생각이었다. 그런데 그날 밤에도 생각처럼 발기가 되지 않았다. 어제와 같은 무기력한 자신의 모습을 다시는 아내에게 보여 주지 않기 위해서 애썼지만 결국 실패하고 말았다. 평소 아내에게 당당하고 자신만만하던 M씨였기에 민망하였고 자존심이 몹시 상했다.

이후에도 아내와의 성관계에서 몇 번 더 실패를 하고 난 M씨는 자신감을 잃게 되었다. 아내를 쳐다보기가 두려웠고 아내와 잠자리를 같이 해야 할 밤이 두려워졌다. 아내와의 잠자리를 피하기 위해서 늦게까지 술을 마시고 만취하여 귀가하거나 일부러 야근을 하기도 했다. 자존심이 강한 M씨는 이러한 문제를 어느 누구와도 상의하고 싶지 않았다. 성기능에 대한 고민으로 인하여 직장생활에도 집중하기 어려웠고 대인관계도 위축되었다. 자신의 남성성 자체에 대해서 근본적인 회의가 들기 시작했다. 요즘 M씨는 남이 모르는 혼자만의 고민으로 하루하루 고통스러운 나날을 보내고 있다.

• 성관계를 회피하는 30대 주부 F씨

성클리닉을 찾은 F씨는 결혼한 지 5년째 되는 30대 초반의 여성이다. 현재 전업주부인 F씨가 호소한 문제는 성욕을 느낄 수 없으며 성관계를 맺기가 싫다는 것이었다. F씨는 어떠한 신체적 접촉도 불쾌하게 느껴져 지난 1년간 남편과의 성관계를 회피해 왔다고 했다.

F씨 부부는 결혼한 후 2년간은 다른 부부들처럼 원만한 성관계를 즐겼다. 결혼 후 2년이 지났을 때, F씨는 난소낭종과 골반유착이라는 산부인과 질병을 앓게 되었다. 이러한 질병으로 인해 F씨는 성관계를 맺을 때마다 통증을 느끼게 되었는데, 4차례의 수술 끝에 성공적으로 병을 치료할 수 있었고, 현재는 신체적으로 완전히 회복된 상태였다.

그러나 2년여에 걸쳐 병치레를 하는 동안 F씨는 점차 성욕을 잃게 되었다. 남편이 성관계를 요구할 때는 응해 주었지만 쾌락을 느낄 수 없을 뿐만 아니라 오히려 고통스럽게 느껴졌다. 이렇게 쾌락이 없는 부부관계를 지속하다가 F씨는 점차 남편과의 성관계를 회피하게 되었다.

이러한 F씨의 행동 때문에 남편은 아내가 자신을 싫어하여 일부러 성관계를 회피하는 것이라 생각하고 화를 냈다. 아내가 치료를 받는 동안에는 부부관계를 자제해 왔지만 이제는 건강이 회복되었음에도 자신을 받아들이지 않는 아내에게 분노를 느낀다. 남편은 성욕이 느껴지지 않는다는 아내를 이해할 수 없었다. 아내에게 다른 남자가 생긴 것은 아닐까 하는 의심이 들기도 했다. 자연히 부부싸움이 잦아졌고 급기야 이혼을 고려하게 되었다. 마침내 F씨는 자신의 성욕 상실이 치료될 수 있는지를 알아보기 위하여 성클리닉을 찾게 되었다.

• 성생활이 즐겁지 않은 부부

성상담소를 찾게 된 30대 중반의 L씨와 P씨는 결혼한 지 5년이 된 부부다. 중매로 만나 1년간 연애를 하고 결혼한 이들은 성생활이 즐겁지 않다. 결혼한 지 5년이 되도록 만족스러운 성관계를 맺어보지 못했다. 신혼여행을 가서 첫날밤 성관계를 맺으려 하였으나 남편은 삽입을 하기도 전에 사정을 해 버렸다. 하지만 이러한 현상은 부부생활을 처음 시작하는 경우에 누구에게나 나타나는 것으로 이해하고 점차 나아질 것이라 생각하였다.

그러나 시간이 지나도 이러한 문제는 별로 나아지지 않았다. 남편인 L씨는 성기를 삽입하고 나면 금방 사정이 되어버렸다. 때로는 삽입 후 몇 분간 성행위를 할 수 있었으나 아내인 P씨가 성적인 절정감에 이르기도 전에 사정하는 경우가 대부분이었다. 성적으로 흥분되어 절정감으로 가는 도중에 성행위가 끝나버리는 일이 반복되자 아내는 짜증이 나기 시작했다. 결혼생활 5년째가 되도록 오르가슴이라는 것이 무엇인지 체험해 보지 못한 P씨는 남편이 조루증이라고 생각하였다.

한편, 남편인 L씨는 아내를 성적으로 만족시켜 주지 못하는 것에 대해 좌절감을 느끼고 있었다. 자신은 나름대로 애무도 해 주고 이제는 성기를 삽입하고 약 5분 동안 성행위를 할 수 있게 되었는데도 아내는 전혀 만족하지 못하는 것이다. 책에서는 5분간의 성행위에도 오르가슴을 느낄 수 있다고 하는데 아내에게는 턱없이 부족했다. 생각이 여기에 미치자 남편인 L씨는 아내가 성적으로 둔감하거나 불감증이 있어서 오르가슴을 느끼지 못하는 것은 아닐까 의심이 들었다.

만족스럽지 못한 성생활에 대해 이제 서로 상대방을 책망하기 시작했다. 이러한 문제로 말다툼이 잦아지고 때로는 심각한 부부싸움으로 발전하기도 하였다. 결국 이 부부는 누구에게 문제가 있으며 성생활을 어떻게 개선할 수 있는지를 알아보기 위하여 성상담소를 찾게 되었다.

지금까지 성기능의 문제를 지닌 몇 가지 사례를 살펴보았다. 이처럼 성기능의 문제는 다양하다. 성기능의 문제는 성생활뿐만 아니라 부부관계를 파탄에 이르게 하고 대인관계를 위축시키는 등 생활 전반에 부정적인 영향을 미치게 된다. 또한 개인적인 자신감을 잃게 하고 일상생활에 대한 의욕을 저하시켜 우울증으로 발전되기도 한다. ◆

5. 성반응 단계와 성기능 장애

이제 본격적으로 성기능 장애를 살펴보고 이해하기 위해서는 정상적인 성반응의 과정과 단계를 살펴보는 것이 필요하다. 또한 성기능 장애는 성반응 단계에 따라 몇 가지 종류로 분류될 수 있으므로, 이 절에서는 '성반응 단계'를 이해하는 것이 매우 중요하다.

성행위를 할 때 남성과 여성이 보이는 성반응은 크게 4단계로 구분될 수 있다. 이를 성반응 주기sexual response cycle라고 한다. 첫째는 욕구 단계desire stage로, 성행위를 하고자 하는 욕구를 느끼며 서서히 성적인 흥분이 시작되는 단계다. 성적인 욕구는 흔히 다양한 외부 자극에 의해서 촉발되며, 때로는 내면적인 상상에 의해서도 유발된다. 두 번째 단계는 성적 흥분의 고조 단계excitement stage로, 성적인 쾌감이 서서히 증가하고 신체생리적인 변화가 나타나는 단계다. 남성의 경우는 음경이

발기되고, 여성의 경우는 질에서 분비물이 나오며 성기 부분
이 부풀어 오른다. 세 번째는 절정 단계orgasm stage로, 성적인
쾌감이 절정에 달하는 극치감을 경험하는 단계다. 마지막 단
계는 해소 단계resolution stage로, 성행동과 관련된 생리적 반응
이 사라지면서 전신이 평상시의 상태로 돌아가는 단계다.

이러한 성반응 주기의 4단계에서 마지막 해소 단계를 제외
한 어느 한 과정에서 문제가 발생하게 되는 것이 성기능 장애
sexual dysfunction다. 성반응 주기를 남성과 여성의 경우로 나누
어 좀 더 자세하게 살펴보기로 한다.

1) 남성의 성반응 주기

(1) 욕구 단계

남성의 성반응은 성욕구를 느끼고 성적인 흥분을 하게 되
면서 시작된다. 이 단계에서 남성은 여러 가지 방식에 의해 성
적으로 흥분하게 된다. 성기를 직접 자극하여 만져 주거나, 성
적인 매력을 느끼는 여성을 바라보거나 접촉하는 것은 성적
반응을 유발하는 가장 강렬한 자극일 것이다. 이처럼 시각적
이거나 촉각적인 자극이 남성을 가장 흥분시키지만, 냄새나
섹시한 목소리와 같은 후각적·청각적 자극도 성적 흥분을 유
발할 수 있다. 또한 성행위와 관련된 에로틱한 상상 역시 강한

성적 흥분을 일으킬 수 있다.

이러한 결과로 전신의 근육 긴장도가 증가하고 성기 주변의 혈관에 피가 모여 남성의 성기가 발기하게 된다. 자극이 지속되면 다음 단계인 고조 단계에서 보다 두드러지는 많은 생리적 변화가 일어난다. 가령, 심장박동, 호흡, 혈압이 증가하고, 음낭이 수축되며, 고환이 상승한다. 이러한 생리적 변화는 외부의 성적 자극이 사라지거나 불쾌한 감정 상태가 발생하면 쇠퇴할 수 있다.

(2) 고조 단계

고조 단계는 욕구 단계와 연결되어 있으며 흥분 상태에서 극치감 직전까지의 과정을 말한다. 이 단계에서는 생리적인 변화와 근육 긴장도가 강해지고 지속된다. 욕구 단계에서 나타난 발기 상태가 최고조에 이르고 발기된 음경은 최대 크기가 되어 정상 상태보다 50% 정도가 더 커진다. 성적 흥분은 척수에 있는 부교감신경을 자극하고 이들 신경은 음경의 혈관을 조절한다. 그리고 부교감신경계의 통제하에 성기의 혈관에 혈액이 흘러들어 혈관이 팽창함으로써 발기가 된다. 동맥에는 밸브가 있어 흘러들어 온 혈액이 방류되는 것을 차단한다.

한편, 쿠퍼샘Couper's gland에서는 두세 방울의 투명한 분비물이 요도를 통해 배설된다. 이 분비물은 요도를 미끈미끈하게

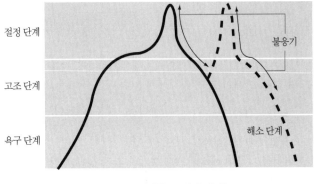

〈남성 성반응 주기의 단계〉

＊ 실선은 가장 전형적인 남성 성반응을 나타내며, 점선은 불응기가 끝난 후에
  두 번째 절정감을 경험하는 경우를 나타낸다.

해 주고 정자에 해로운 요도의 산성화를 중화시켜 줌으로써
극치기에서 사정된 정액의 정자를 보호하는 기능을 한다.

(3) 절정 단계

세 번째 단계인 절정단계는 극치감을 경험하는 절정 단계
다. 성적 쾌감이 고조되면 성기의 내부 기관이 수축되면서 사
정하는 것을 참기 어려워진다. 이 시기가 지나면 음경 내 요도
및 음경 기저부와 회음 근육이 율동적으로 수축하여 사정을
하게 된다. 흥분과 발기 상태는 부교감신경계가 관장하지만
극치감은 교감신경계가 통제하며, 남성이 귀두부에 충분한 율

동적 자극을 받게 되면 극치감에 도달한다. 극치감을 경험함으로써 사정을 할 수 있기 때문에 정액을 자궁 가까이에 있는 질 속 깊은 곳까지 도달할 수 있도록 해 주며 수정 가능성을 최대화시킬 수 있다.

극치감 기간에는 생식기의 근육이 0.8초 간격으로 수축을 반복하며, 이 단계에서 강렬한 쾌감을 경험하게 된다. 이 외에 전신 근육이 수축하여 얼굴을 찡그리게 되거나 팔다리가 안으로 굽는다. 또한 맥박, 호흡, 혈압이 고조 단계에 비해 더욱 증가된다. 이 단계는 3~25초간 지속되는데, 이때 약간 의식이 흐려진다.

(4) 해소 단계

성반응의 마지막 단계인 해소 단계에서는 성적 자극에 대한 신체반응이 급격하게 감소하여 성교에 의해 상승한 심박, 호흡, 혈압은 성적 극치감을 경험한 후 수분 내에 흥분 전 상태로 돌아간다. 음경은 보통 두 단계를 거치면서 작아지는데, 성적 극치감을 경험한 직후에 해면체에서 혈액이 흘러 나가고 30분 이내에 다시 해면체와 귀두부에 남아 있는 여분의 혈액이 빠져나가는 2번째 단계를 맞아 완전하게 평상 상태로 되돌아가게 된다.

여성과 달리 남성은 극치감을 경험한 후 일정 시간이 지날

때까지는 성적으로 자극을 주더라도 다시 흥분하거나 발기반
응이 나타나지 않기 때문에 이 기간을 불응기 또는 휴지기라
고 한다. 불응기는 일반적으로 나이가 들수록 길어진다. 해소
단계에서 남녀의 약 1/3은 땀이 나는 발한 현상을 보이며 남성
은 졸음을 느낀다. 만일 원했던 극치감을 경험하지 못했을 경
우에는 해소기가 장시간 이어질 수 있으며, 고환과 전립선의
불편감이나 정서적 불안정을 나타낼 수 있다.

2) 여성의 성반응 주기

(1) 욕구 단계

여성은 성적인 자극을 받게 되면 습기가 없고 닫혀 있던 질
이 축축해지면서 음경을 받아들일 준비를 하게 된다. 여성을
흥분시킬 수 있는 성적인 자극들도 남성의 경우와 유사하다.
그러나 여성의 경우는 부드럽게 접촉하는 촉각적 자극이 처음
성감을 고조시키는 데 있어서 남성보다 더 효과적인 것으로
밝혀졌다.

성적 자극을 받게 되면 골반과 음핵에 혈액이 모이게 되고
질윤활액이 분비되며 외부 성기가 부풀게 된다. 자극이 지속
되면 심장박동, 호흡, 혈압이 상승하고 가슴이 커진다.

(2) 고조 단계

흥분이 진행되면서 여성은 고조 또는 윤활–팽창 단계를 거친다. 흥분되었을 때 여성의 질은 상대방 남성의 음경 크기와 상관없이 발기된 음경을 받아들일 수 있을 만큼 신축성을 갖게 된다. 이때 음핵이 2~3배로 커지고 단단해지며, 음경의 삽입이 용이하도록 질벽에서 분비물이 나와 윤활화된다. 흥분 상태가 지속되면 자궁의 벽은 혈액으로 가득 차게 되어 자궁이 커진다. 즉, 질벽의 충혈로 질 입구 1/3 부위가 확장되고 조여지는 현상orgasmic platform을 보인다. 자궁벽이 혈액으로 충만하게 되면 성적 쾌감이 증가하고 극치감을 경험할 수 있도록

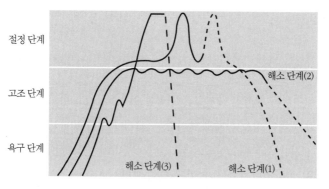

〈여성 성반응 주기의 단계〉

* 여성 성반응은 크게 3가지 유형이 있다. (1)은 여러 번 절정감을 보이는 형, (2)는 절정감에 도달하지 못하고 고조단계에 머무는 형, (3)은 고조 단계에서 몇 차례의 흥분 저하가 나타난 후 급속한 해소 단계를 맞는 형을 나타낸다.

준비된다.

(3) 절정 단계

남성과 마찬가지로 여성도 극치감을 경험할 때는 질근육의 반사적 수축이 반복된다. 팽창한 질근육의 조직은 0.8초 간격으로 율동적인 수축을 하면서 황홀한 극치감을 느끼게 한다. 이때는 음핵과 질에 의해 극치감을 경험하게 되는데, 극치감의 유발은 음핵의 자극에 의해서 일어나고 극치감의 표현은 질의 율동적 수축에 의해 나타난다. 남성이 한 번의 성교를 통해 한 번의 극치감을 경험하는 것과 달리, 여성의 경우는 여러 번 극치감을 경험할 수도 있고, 전혀 극치감을 경험하지 못할 수도 있다.

(4) 해소 단계

여성은 성적인 극치감을 경험한 이후 5~10초 정도가 지나면 음핵이 평소 상태로 돌아간다. 그러나 질은 10~15분 정도가 지나서야 평소 상태가 된다. 남성에 비해 여성의 경우 이러한 회복이 느리고 성적 자극에 의해 다시 상승할 수 있다. 따라서 성적 극치감을 경험한 직후 또는 고조 단계의 상승된 감정 상태에서는 반복하여 성적 자극에 반응을 보일 수 있으므로 극치감을 여러 차례 경험할 수 있다. 한 보고에 따르면 기혼 여성 중 17%가 여러 번 극치감을 경험한 적이 있다고 한다.

남녀의 성반응 주기를 비교해 보면, 남성은 해소 단계에서 불응기를 나타낸다는 점과, 욕구 단계에서 고조 단계로 넘어 가는 과정에서 남성은 빨리 고조 단계에 도달하는 반면, 여성 은 비교적 느리게 고조 단계에 도달한다는 점을 제외하고는 남성과 여성의 성반응은 매우 유사하다고 볼 수 있다. 남녀 모 두 유사한 자극에 의해서 성적으로 흥분하게 되고, 성반응이 일어나는 과정도 매우 유사하기 때문이다.

정상적인 성행위는 이러한 4단계를 거치면서 이루어지는 데, 성기능 장애는 성반응 주기의 한 단계 이상에서 문제가 발생하는 경우를 말한다. 좀 더 정확히 말하면, 성반응 주기 의 4단계 중 마지막 해소 단계를 제외하고 한 단계 이상에서 장애가 나타나는 것이 성기능 장애다. 이러한 성기능 장애는 흔히 심리적 요인에 의해서 발생하기 때문에 정신장애의 하나 로 분류되고 있다. ❧

성기능 장애란
무엇인가

2

1. 남성의 성기능 장애

2. 여성의 성기능 장애

세계적으로 가장 널리 사용되고 있는 정신장애 진단 및 분류 체계인 『정신장애의 진단 및 통계 편람 제5판Diagnostic and Statistical Manual for mental disorders (5th ed.): DSM-5』에 따르면, 성기능 장애는 크게 남성의 성기능 장애와 여성의 성기능 장애로 구분할 수 있다. 또한 성기능 장애는 발생 과정, 발생 상황 및 원인적 요인에 따라서 세부적으로 구분될 수 있다. 우선, 성기능 장애는 발생 과정에 따라서 평생형과 획득형으로 구분된다. 평생형lifelong type은 성적 활동이 시작된 시기흔히 사춘기부터 지속적으로 문제가 계속되어 온 경우를 뜻하는 반면, 획득형acquired type은 정상적인 성기능이 이루어지다가 어느 시점부터 성기능의 문제가 발생한 경우를 말한다. 또 성기능은 발생 상황에 따라서 상황형과 일반형으로 나뉜다. 상황형situational type은 성기능의 문제가 특정한 자극, 상황, 대상에 대해서만 제한적으로 나타나는 경우를 말하는 반면, 일반형generalized type은 자극, 상황, 대상에 상관없이 전반적인 상황에서 성기능의 문제가 나타나는 경우를 뜻한다.

1. 남성의 성기능 장애

　남성에게 나타날 수 있는 성기능 장애로는 남성 성욕감퇴 장애, 발기장애, 조루증, 지루증이 있다.

1) 남성 성욕감퇴 장애

　DSM-5의 진단기준에 따르면, 최소한 6개월 이상 성적 공상이나 성행위 욕구가 지속적으로 결여되어 있는 남성의 경우, 남성 성욕감퇴 장애male hypoactive sexual desire disorder로 진단된다. 이러한 상태에서는 성적인 자극을 추구하는 동기가 거의 없고, 성적인 표현을 하지 못하는 것에 대해서도 좌절감을 느끼는 정도가 약하다. 따라서 성행위를 스스로 주도하지 않으며, 단지 상대방이 성행위를 요구할 때만 마지못해 응하게 된다. 이런 경우에도 성행위에 매우 소극적으로 임하거나 성적인 쾌감을 느끼지 못하는 경우가 많다. 이로 인해 부부관계나 이성 관계를 포함한 대인관계에서 어려움을 겪게 된다.

성욕의 감퇴는 대상과 상황에 상관없이 전반적으로 일어날 수도 있고, 특정한 대상이나 성행위에 제한되어 나타나는 경우도 있다. 후자의 경우, 배우자나 특정한 대상에게는 성적인 욕구를 느끼지 못하지만 다른 대상에게는 그렇지 않을 수도 있다. 또는 타인과 성행위를 맺는 데에는 문제가 있지만, 자위 행위를 할 때는 어려움을 느끼지 못하는 경우도 있다.

남성 성욕감퇴 장애는 일반 성인 인구의 약 20%가 경험하며, 그 비율이 점점 증가하는 추세에 있다는 연구 결과가 있다. 성기능 장애로 치료기관을 찾는 사람 가운데 절반 이상이 성욕감퇴를 호소한다. 그러나 이러한 유병률은 연구마다 상당한 차이가 있다. 사실 남성 성욕감퇴 장애뿐만 아니라 다른 성기능 장애의 유병률에 대해서도 체계적인 조사 자료가 매우 부족한 상태다. 또한 일부 조사 자료의 경우도 연구방법론의 차이로 인하여 연구 결과에 매우 심한 차이를 보이고 있다.

남성 성욕감퇴 장애는 흔히 성인기에 발생한다. 상당 기간 적절하게 성적 관심을 보이다가 심리적 고통, 스트레스, 인간 관계의 문제로 인해 성욕구에 문제가 생기는 경우가 많다. 예 컨대, 성적 파트너와의 친밀한 관계나 신뢰관계에 문제가 일 어나면 일시적으로 성욕감퇴가 발생할 수 있다. 성욕의 상실

은 심리적 요인이나 관련 요인에 따라서 일시적으로 나타났다
가 회복되지만 때로는 지속적으로 나타나기도 한다. 오랜 기
간 지속되는 성욕구 장애는 흔히 사춘기부터 시작되는 경우가
많다.

남성 성욕감퇴 장애는 부부간에 성욕구의 강도나 빈도에
차이가 있을 수 있으므로 반드시 부부나 성적 파트너간의 상
대적인 성욕구 수준을 고려하여 판단해야 한다. 가령, 한 남성
이 낮은 성욕구 때문에 치료기관을 찾아온 경우, 이러한 낮은
성욕구가 부인의 지나친 성욕구에 대비되어 나타난 것일 수도
있다. 즉, 남편은 정상적인 성욕구 수준을 지니고 있지만 부인
의 성욕구가 너무 높아서 상대적으로 자신의 성욕구가 낮다고
생각할 수 있다.

성적 욕구의 감퇴는 심리적인 원인에 의해 생겨나는 경우
가 대부분이며, 부부간의 미움과 갈등이 가장 흔한 심리적 문
제다. 때로는 어렸을 때 심한 성적 공포감이나 성적 학대를 경
험했을 경우에도 성욕감퇴 장애가 발생할 수 있다. 또는 오랫
동안 성관계를 맺을 수 있는 적절한 파트너를 만나지 못했을
때, 성관계 시 자신이 실수 없이 잘해 내야 한다는 불안감을
지니고 있을 때, 마음에 들지 않는 사람과 성관계를 할 때, 임
신에 대한 두려움을 지니고 있을 때 성욕이 감퇴할 수 있다.
이 밖에도 성에 대한 종교적인 신념이나 자신의 신체에 대한

부정적 이미지가 영향을 미칠 수 있다.

우울증은 흔히 성욕감퇴와 밀접하게 연관되어 있다. 성욕감퇴는 우울증의 결과로 나타날 수도 있고, 때로는 성욕감퇴로 인해 우울증이 나타날 수도 있다. 에이즈AIDS, 후천성면역결핍증에 대한 공포감이 성욕을 감소시킨다는 연구 보고도 있다. 이밖에도 신체적 질병으로 인한 쇠약, 통증, 불안 등이 성욕을 저하시킬 수 있다.

남성 성욕감퇴 장애는 흔히 발기장애나 조루증, 지루증을 수반하게 된다. 그러나 때로는 발기장애나 조루증, 지루증으로 인하여 남성 성욕감퇴 장애가 생겨날 수도 있다. 즉, 만족스러운 성적 흥분이나 절정감을 느끼지 못하여 유발된 정서적 고통의 결과로서 성욕감퇴가 나타난다는 것이다. 그러나 성욕감퇴를 보이는 사람들 중에는 성적 자극에 대해 정상적인 성적 흥분과 절정감을 경험할 수 있는 능력을 지닌 경우도 있다. 따라서 남성 성욕감퇴 장애의 원인은 다각적으로 살펴보는 것이 필요하다.

2) 발기장애

남성은 성반응 주기의 고조 단계에서 성적 흥분이 높아지면서 음경이 확대되고 단단해진다. 이렇게 음경이 발기됨으로

써 여성의 질에 삽입이 가능해진다. 그러나 성욕구가 있음에
도 불구하고 음경이 발기되지 않아 성교에 어려움을 겪는 경
우가 있는데, 이를 발기장애라고 하며 흔히 임포impotence라고
부르기도 한다.

발기장애erectile disorder는 성행위 시에 흥분을 해도 발기가
되지 않거나 성행위가 끝날 때까지 발기가 만족스럽게 유지되
지 않는 상태를 뜻한다. 이러한 발기장애는 발기가 부분적으
로 이루어지지만 성교가 가능하도록 충분히 발기가 되지 않는
불완전한 발기incomplete erection 또는 partial erection와, 전혀 발기가
되지 않는 발기불능complete erectile failure으로 나뉘기도 한다. 발
기장애는 특정한 대상과 상황에서만 나타나는 경우도 있지
만, 모든 대상이나 상황에서 언제나 발기가 되지 않는 경우도
있다.

발기장애는 남성에게 있어서 가장 발생 빈도가 높은 성기
능 장애다. 킨제이 보고에 따르면, 청장년의 8%가 발기장애의
문제를 지니고 있으며, 나이가 증가함에 따라 그 빈도가 늘어
나 80대가 되면 75%가 영구적인 발기불능 현상을 보인다고
한다. 성기능 장애로 치료를 원하는 남성의 40~53%가 이 장
애를 호소한다는 보고도 있다.

발기장애는 과거에 정상적인 발기가 이루어져 성공적인 성
교를 한 경험이 있었는지에 따라 2가지로 구분하기도 한다. 과

거에 성교를 하기 위해 필요한 시간만큼 발기를 유지해 본 경험이 전혀 없는 경우를 일차적 발기장애primary impotence라 하고, 이전에 적절하게 발기한 경험이 있지만 어느 시점 이후부터는 발기에 어려움을 겪는 경우를 이차적 발기장애secondary impotence라고 한다. 일차적 발기장애는 성인 남성의 약 1~3.5%로 매우 드물며 신체적인 원인에 의해서 발생하는 경우가 많다. 반면, 이차적 발기장애는 성인 남성의 10~20% 정도로 보고되고 있으며, 심리적인 원인에 의해 발병하는 경우가 많다.

발기장애를 지닌 남성은 어떤 문화권에서든 굴욕감과 좌절감을 경험하는 것으로 밝혀졌다. 발기가 안 되기 때문에 자기 가치감을 상실하게 되고 삶의 의욕을 잃어 우울증에 빠지기도 한다. 그리고 성행위를 해야 하는 상황이 되면 다시 발기가 안 될지도 모른다는 불안감에 휩싸이고, 상대가 자신을 남자로서 쓸모없는 인간이라고 생각하거나, 성적인 쾌감을 공유할 수 없기 때문에 자신을 싫어하게 될지 모른다고 생각한다. 이러한 두려움이 심할수록 발기는 더욱 안 되고, 발기가 안 되면 불안감이 증가되는 악순환이 반복되는 경향이 있다.

발기가 되지 않는 원인을 알아보기 전에 발기가 이루어지는 신체적 과정을 살펴볼 필요가 있다. 발기를 유발하는 첫 단계는 성적인 자극이다. 성적 자극으로 인해 여러 가지 호르몬과 효소가 분비되고, 이는 음경 해면체의 평활근을 이완시켜 동맥의 피가 대량으로 해면체에 들어오도록 유도한다. 이때 흘러드는 혈액의 양은 정상 상태의 약 10배에 해당한다. 해면체가 부풀어 오를수록 성기 부위의 정맥이 압박을 받아 빠져나가는 혈액의 양은 더욱 줄어들게 되어 발기가 유지된다.

발기가 제대로 이루어지지 않는 원인은 다양하지만, 어떤 원인이든 음경 해면체로 들어오는 혈액의 양보다 빠져나가는 양이 많아져서 발생한다. 40대 이전에는 심리적인 이유로 발기가 되지 않는 경우가 많다. 심리적 불안을 느낄 때 방출되는 아드레날린이 음경 동맥을 수축시켜 발기불능이 일어나게 되는 것이다.

신체적인 원인에 따라 음경 해면체 안으로 혈액이 제대로 들어오지 않는 동맥성 발기불능과, 혈액이 지나치게 많이 빠져나가는 정맥성 발기불능으로 나눌 수 있다. 동맥성 발기불능은 동맥에 침전물이 쌓여 혈액의 흐름을 방해해서 생기는 것으로 50대 이상에서 많이 나타난다. 특히 당뇨병 환자의 40% 이상이 발기부전을 겪는 것은 이 때문이다. 정맥성 발기불능은 발기는 되지만 피가 쉽게 빠져나가 오그라드는 것으로 주로 40대 이전에 나타난다.

발기불능의 원인이 신체적인 것인지 또는 심리적인 것인지를 알아보기 위해서 수면발기검사Nocturnal Penile Tumescence: NPT

를 사용한다. 이 검사에서는 음경이 위축된 상태에서 음경에 밴드를 부착하고 수면을 취하게 한다. 흔히 신체적 원인이 없을 때에는 수면 시에 음경이 팽창하고 음경에 부착한 밴드의 상태가 달라지게 된다. 따라서 수면 중에 발기가 이루어지면 심리적 원인에 의한 것으로 추정할 수 있고, 그렇지 않으면 신체적인 원인에 의한 것이므로 정밀한 신체검사를 받게 된다.

성치료로 유명한 캐플런Kaplan에 따르면, 발기장애는 성행위에 대한 두려움과 여성을 만족시켜야 한다는 강박관념이 중요한 심리적 원인이라고 한다. 즉, 이러한 불안감이 발기불능을 초래하고, 발기불능으로 인해 불안감이 높아지는 악순환과정이 발기장애를 유발하게 된다는 것이다. 이 밖에도 과도한 음주나 흡연, 정신적 사랑과 성적 욕구 사이의 갈등, 상대에 대한 신뢰감 부족, 도덕적 억제 등과 같은 다양한 심리적요인이 발기장애에 영향을 줄 수 있다. 발기장애에 대한 심리적 원인은 제3장에서 상세하게 설명될 것이다.

3) 조루증

만족스런 성생활이 되기 위해서는, 성행위를 통해서 두 사람이 모두 절정감을 맛보는 것이 필요하다. 특히 두 사람이 함께 성적 절정감을 느끼는 것이 중요하다. 이를 위해서는 여성

이 절정감에 도달할 때까지 남성이 사정을 지연시킬 수 있어
야 한다. 그러나 여성이 절정감에 도달하기 전에 미리 사정하
는 일이 반복적으로 나타날 경우, 이를 조루증premature ejaculation
또는 early ejaculation이라고 한다. 정확히 말하면, 조루증은 초기의
성적 자극에 의해서 원하기 전에 절정감을 느끼고 사정을 하
게 되는 경우다. 이 경우, 사정을 원하지 않는 여러 시기, 즉 질
내 삽입 전, 삽입 시, 삽입 직후, 또는 삽입 후 원하기 전에 남
성의 의도와 달리 사정이 이루어진다.

대부분의 남성은 여성 상대가 절정감을 느끼기 전에 사정
하는 일을 종종 경험한다. 이를테면, 신체적 과로나 과음 상
태, 스트레스가 심한 상태, 첫 성행위 시, 오랜만의 성행위 시
에 빨리 사정을 하게 된다. 하지만 이런 경우를 모두 조루증이
라고 진단하지는 않는다. 조루증의 가장 중요한 진단 기준은
사정을 자신의 뜻대로 전혀 조절할 수 없다는 점이다. 이렇게
조절되지 않은 채 빨리 사정하는 일이 상당 기간 지속되거나
반복적으로 자주 나타날 경우에 한하여 조루증이라고 한다.
이러한 조루 증세로 인하여 대인관계에 어려움이 초래될 수
있다. 특히 미혼 남성의 경우에는 조루증에 대한 두려움으로
부터 벗어나지 못하고 새로운 상대와 사귀는 것을 주저하게
되어 사회적 고립을 초래할 수도 있다.

조루증은 남성이 지니는 성기능 장애 중 가장 흔한 장애다.

통계 자료에 따르면, 일반 성인 남성의 36~38%가 사정을 조절하는 데에 어려움을 겪는다고 한다. 또한 성치료를 받기 위해 클리닉을 찾는 남성의 약 60%가 조루 문제를 지니고 있다고 한다.

조루증은 남성 성욕감퇴 장애와 마찬가지로 상대적인 것으로 보아야 한다. 여성이 절정감에 도달하는 성적 자극의 강도나 지속기간은 여성에 따라 차이가 있다. 따라서 이러한 요인을 고려하지 않고 남성이 사정하게 되는 성교 시간의 길이나 여성 상대의 절정감 경험 여부에 의해서 일방적으로 조루증이라고 단정할 수는 없다. 뿐만 아니라 남편에게 설혹 조루 증세가 있어도 만족스럽게 성생활을 영위하는 부부가 많다. 특히 전희나 다른 성행위(예: 구강성교 등)를 통해서 여성의 성적 흥분이 연장되거나 높은 쾌감을 느낄 수 있기 때문에 조루 증세가 부부생활에 별 문제가 되지 않는 경우가 많다.

대부분의 남성은 성경험이 많아지고 나이가 들면서 사정의 시기를 조절하는 방법을 배우게 된다. 그러나 계속해서 사정을 조절하지 못하고 빨리 사정하게 되면 조루증에 대한 치료를 원한다. 일부 남성은 성관계를 오래 지속해 온 여성의 경우에는 사정을 지연시킬 수 있지만, 새로운 여성과 성교할 때는 다시 조루증이 재발하는 경향을 보였다. 전형적으로 조루증은 젊은 남성에게 흔히 나타나며, 첫 성교를 할 때 나타난다. 그

러나 일부 남성은 정상적인 사정을 조절하다가 조루 증세를
나타내기도 한다.

조루증은 심리적인 원인에 의해서 유발되는 경우가 대부분
이다. 성교 시 상대방을 만족시켜 주어야 한다는 강박관념과
불안, 불만스러운 결혼생활과 가정문제, 심리적 스트레스, 과
도한 음주와 흡연 등이 조루증을 일으키는 주요한 심리적 요
인으로 알려져 있다. 정신분석학에서는 조루증을 지닌 남성이
여성의 질에 대한 무의식적인 공포를 지니고 있다고 주장한
다. 이 밖에도 부적절한 상황예: 상대방의 재촉, 당황스러운 상황, 낯선 상
대나 매춘부 등에서의 반복적 성경험이 조루증에 영향을 미칠 수
있다.

한편, 남성의 조루 현상을 정상적인 것으로 보는 학자들도
있다. 진화론적인 관점에 따르면, 인류 조상들에게 있어서는
빨리 사정하는 조루 현상이 개체보존과 종족보존을 위해 효과
적인 방법이었을 것이다. 즉, 성교 중에는 외부의 공격에 대처
하기 어렵기 때문에 빨리 사정함으로써 자녀를 잉태하게 하
고, 아울러 외부 위협에 신속하게 대처할 수 있다는 것이다.
물론 성이 생식의 수단보다 사랑의 표현수단으로 변화되었고
외부 위협도 현저하게 감소한 현대 사회에서는 상황이 매우
다르다. 따라서 만족스런 성생활을 저해하는 조루증은 극복해
야 할 문제인 것이다.

4) 지루증

남성은 성적 흥분이 고조되어 극치감을 느끼게 되면 사정을 하게 된다. 지루증delayed ejaculation은 사정에 어려움을 겪으며 성적 절정감을 느끼지 못하는 경우를 뜻하며, 조루증에 비해 흔하지 않다.

지루증을 지닌 남성은 성교를 통해서 절정감을 느끼지 못하는 문제를 지니고 있지만, 여성 파트너의 손이나 입을 통한 자극에 의해서는 사정이 가능한 경우도 있다. 또는 자위행위나 전희 과정에서는 쉽게 사정을 하지만, 성교를 할 때는 한 시간 이상씩 사정을 하지 못하는 사람도 있다. 절정감 장애가 있는 일부 남성은 시간이 매우 오래 걸리는 비성교적인 애무에 의해서 절정감에 도달할 수 있으며, 때로는 변태적인 성적 자극에 의존하는 경우도 있다.

성교 시간이 길수록 정력이 강하다는 속설과는 달리, 사정이 지연되는 문제를 지닌 사람들은 자부심을 갖지 못할 뿐만 아니라 괴로움을 느낀다. 이들은 성행위 시에 절정감을 맛보지 못하기 때문에 좌절감을 느끼고 성행위를 오히려 고역스럽게 느끼는 경우가 많다. 어떤 사람은 상대방이 자신을 성적 기교가 없는 사람으로 생각하여 싫어하지 않을까 우려하고 괴로워하기도 한다. 이러한 장애를 지닌 남성은 사정을 하지 못하기 때문에 흔히 불임의 문제가 뒤따르게 된다. 일반 성인 남성의 약 4~10%가 지루증을 지니고 있는 것으로 보고되고 있다. 또한 성클리닉을 찾는 사람 중 적게는 3%에서 많게는 17%가 이 장애로 진단받는다고 한다.

이 장애의 원인은 대부분 심리적인 것으로 알려져 있다. 부부간의 갈등, 상대방에 대한 매력 상실, 여성을 임신시키는 것에 대한 두려움, 상대방에게 대한 적대감과 증오심 등이 절정감 장애를 초래할 수 있다. 또는 성을 엄격하게 통제하는 환경에서 성장한 남성들은 성행위에 대한 죄의식이나 혐오감이 절정감의 경험을 억제할 수 있다. 때로는 상대방이 성적 행위에 대해서 과도한 주문을 하거나 여성 상대가 절정감을 경험하지 못하는 성행동 문제를 지니고 있는 경우에도 남성에게 이러한 문제가 발생할 수 있다. 사정의 곤란은 이러한 심리적인 문제와 더불어 약물예: 알코올, 항우울제, 항정신병 약물, 항고혈압제 등의 복용에 의해서 유발되는 경우도 있다. ◆

2. 여성의 성기능 장애

여성에게 나타날 수 있는 성기능 장애로는 여성 성적 관심/흥분장애, 여성 절정감 장애, 생식기-골반 통증/삽입 장애가 있다.

1) 여성 성적 관심/흥분 장애

성욕구가 현저히 저하되어 있거나 성적 자극에도 신체적 흥분이 유발되지 않는 여성의 경우, 여성 성적 관심/흥분 장애 female sexual interest/arousal disorder로 진단된다. 남성의 경우에는 성욕 저하남성 성욕감퇴 장애와 발기 부전발기장애이 별개의 현상으로 나타나지만, 여성의 경우에는 성적 관심와 흥분의 저하가 함께 나타나는 경우가 흔하기 때문에 합쳐진 진단명을 사용한다.

일반적으로 성욕구를 느끼게 되면 성적 자극과 애무를 통해 성적인 흥분이 고조된다. 성적 흥분이 고조되면 심리적 쾌감 뿐만 아니라 성기의 삽입이 가능하도록 다양한 신체적인 변화가 나타나게 된다. 남성의 경우는 성기가 발기하게 되고, 여성의 경우는 질이 확장되고 윤활액이 분비된다. 이러한 변화가 나타나는 단계가 성반응 주기의 두 번째 단계인 고조 단계다.

여성은 성반응 주기의 고조 단계에서 성적 쾌감이 높아지면서 성기의 윤활-팽창반응이 나타난다. 즉, 질의 입구가 팽창되어 벌어지고 질벽에서 윤활액이 분비되어 남성의 성기가 삽입될 수 있는 상태가 된다. 이 단계가 원활히 진행되는 않는 경우, 여성 성적 관심/흥분 장애로 진단될 수 있으며, 과거에는 이를 불감증frigidity이라고 불렀다.

이러한 장애를 지닌 여성들은 성교나 성적 자극에 쾌감을 느끼지 못할 뿐만 아니라 성적인 자극을 받아도 성기의 윤활-팽창반응이 나타나지 않는다. 질에서 분비물이 나오지 않아 윤활화가 이루어지지 않고 음핵이 커지지 않으며 자궁이 부풀지 않고 유두의 발기가 일어나지 않는다. 즉, 골반의 충혈, 질 윤활액의 분비, 질의 확장, 외부 성기의 팽창으로 구성되는 성적 흥분반응이 지속적으로 일어나지 않거나 유지되지 않는다. 따라서 남성 성기의 삽입이 어렵거나 성교가 지속되기 어렵다.

　따라서 이러한 장애를 지닌 여성은 성교가 즐겁기보다 오히려 고통스럽게 느껴지며 성관계를 회피하게 된다. 또한 성행위를 하더라도 이에 몰두하지 못하고 방관적인 자세를 취하게 된다. 성적인 자극과 애무를 받아도 적절한 흥분반응이 나타나지 않는다는 것을 자각하게 되면 자신에게 성적인 문제가 있다고 생각하게 되고 상대가 어떻게 생각할지 걱정하게 된다.

　이러한 현상은 어떤 여성에게나 일시적으로 나타날 수 있다. 그러나 이러한 현상이 지속적으로 나타나거나 반복적으로 자주 나타나서 심한 괴로움을 느끼고 대인관계부부관계나 이성관계에 어려움을 초래할 때, 여성 성적 관심/흥분 장애라고 진단될 수 있다. 이러한 문제는 특정한 대상과 성행위를 할 때만 나타날 수 있으나, 경우에 따라서는 상대와 상관없이 항상 똑같은 문제가 나타날 수도 있다.

　여성의 성적 관심/흥분 장애의 유병률은 연구에 따라 다양한 범위를 나타내고 있으며, 성인 여성의 약 14%가 성적 관심/흥분 장애를 나타낸다는 것이 일반적인 견해다. 그러나 연구에 따라서 이 장애의 유병률은 11~48%까지 다양하게 보고되고 있다. 성기능 문제로 치료기관을 찾는 여성의 약 51%가 성적 관심/흥분 장애를 호소한다고 한다. 흔히 성적흥분을 느끼지 못하는 여성은 성교를 할 때 자신이 흥분하지 못한다는 것

을 겉으로 드러내지 않은 채 상대가 빨리 사정하기만을 기다
린다. 자신은 쾌감을 경험할 수 없는 상태에서 상대만이 쾌감
을 경험하는 일이 반복되면 성행위에 대한 좌절감과 불쾌감이
강해진다. 따라서 어떻게든 성행위를 피하려 하고 결과적으로
부부간의 관계가 멀어지게 된다. 예를 들어, 성행위를 피하기
위해서 몸이 아프다는 핑계를 대기도 하고, 심지어는 잠자리
에 들기 전에 일부러 부부싸움을 만들어 잠자리를 피할 구실
을 만드는 경우도 있다.

성적흥분을 느끼지 못하는 여성에 대한 남성의 반응도 다
양하다. 어떤 남편은 자신의 애무에도 불구하고 아내가 흥분
반응을 보이지 않는 것에 대해서, 아내가 자신을 좋아하지 않
거나 싫어하기 때문이라고 생각하고 분노반응을 나타내기도
한다. 반면에, 아내가 성적으로 흥분하지 못하는 것은 순전히
자신이 성적으로 무능하기 때문이라고 생각하는 남편도 있다.
또 다른 경우에는, 어떤 식으로든 아내가 흥분하도록 집요하
게 강요함으로써 오히려 아내를 더욱 위축되게 만들기도 한
다. 이렇듯이 여성 성적 관심/흥분 장애는 여러 가지 방식으로
부부관계에 부정적인 영향을 미칠 수 있다. 그러나 아내가 불
감증을 지니고 있지만 여전히 원만한 부부관계를 유지하는 부
부들도 많다.

여성 성적 관심/흥분 장애는 여러 가지 원인에 의해 생겨날

수 있다. 주요한 심리적 원인으로는 성행위에 대한 죄책감이
나 두려움, 성행위 시의 불안과 긴장, 상대에 대한 적개심이나
경쟁심 등이 성적 관심이나 흥분을 저해할 수 있다. 아울러 금
욕적인 가정환경에서 성장한 여성들이나 아동기에 성적 학대
를 경험한 여성에게서 성적 관심/흥분 장애가 많다는 연구 결
과도 있다.

이 밖에도 폐경기로 인한 여성호르몬의 감소, 신체적 질병당
뇨병, 위축성 질염 등, 약물 복용질분비를 감소시키는 항고혈압제나 항히스타민
제 등도 여성의 성적 관심이나 흥분반응을 저하시킬 수 있다.
이러한 신체적 요인이 심리적 요인과 복합적으로 작용하여 여
성 성적 관심/흥분 장애가 유발될 수도 있다.

2) 여성 절정감 장애

성행위의 기본 목표는 성적인 쾌감이 극치에 이르는 절정
상태를 경험하는 것이다. 성반응 주기의 세 번째 단계인 절정
단계에서 남성은 사정을 하게 되고 여성은 질근육의 수축과
더불어 극치감을 느끼게 된다. 특히 이 과정에서 남녀가 함께
절정 상태에 이르는 것이 중요하다.

여성의 절정 단계는 일반적으로 남성의 음경이 질에 삽입
된 상태에서 지속적인 자극이 주어지는 성교를 통해 도달하게

된다. 그러나 때로는 성교 전의 전희 단계에서 절정감을 경험
하는 경우도 있고, 음핵에 지속적인 자극이 주어지면 극치감
을 느끼는 경우도 있다. 또한 예외이긴 하지만, 신체적인 접촉
이 전혀 없는 상태에서 단지 성행위에 대한 상상만으로도 극
치감을 경험하는 여성들도 있다. 여성이 절정감을 경험하는
과정은 이처럼 다양하다.

그러나 적절한 성적 자극이 주어졌음에도 절정감을 느끼지
못하는 여성들이 있다. 이 경우를 여성 절정감 장애female
orgasmic disorder라고 한다. 이 장애를 지닌 여성은 적절한 성욕
구를 지니고 있고 성관계를 추구하며 성행위 시에 어느 정도
의 성적 흥분을 느끼지만, 극치감을 경험하는 절정 단계에 도
달하지 못하는 일이 지속적으로 나타나게 된다. 즉, 절정 단계
이전의 단계에서는 별 문제가 없으나 절정 단계에서 문제가
있는 경우다. 그러나 이러한 절정감 장애가 지속되면 욕구 단
계와 고조 단계에서도 장애가 나타날 수 있다.

여성 절정감 장애는 여성이 나타내는 성기능 장애 중 가장
흔한 것 가운데 하나로, 성인 여성의 약 10%가 경험한다는 보
고가 있다. 일반적으로 여성은 나이가 많아짐에 따라 절정감
을 경험하기가 쉽기 때문에 여성 절정감 장애는 젊은 여성에
게서 더 흔히 나타난다. 이러한 절정감 장애는 다양한 양상으
로 나타날 수 있다. 평생 동안 전혀 성적 극치감을 경험해 보

지 못한 일차적 절정감 장애가 있는가 하면, 과거에는 극치감
을 경험했으나 언제부턴가 이러한 경험을 하지 못하는 이차적
절정감 장애가 있다. 또한 절정감의 문제는 모든 성행위 상황
에서 나타나는 경우도 있고 특정한 상황에서만 나타나는 경우
도 있다. 예컨대, 자위행위를 할 때는 극치감을 경험할 수 있
으나 남성과 성행위를 할 때는 극치감을 경험하지 못하는 경
우가 있다.

여성 절정감 장애는 심리적인 원인에 의해서 나타나는 경
우가 대부분이다. 부부간의 갈등이나 긴장, 죄의식, 소극적 태
도, 대화 결여 등이 절정감을 억제하는 요소로 알려져 있다.
또한 성에 대한 억제적 문화나 종교적 태도가 영향을 미칠 수
있다. 이 장애를 지닌 여성들은 흔히 성적 행위에 몰두하지 못
하고 극치감을 느끼는 것에 대해 죄의식이나 수치감을 느끼는
경향이 있다. 또는 절정 단계에 가까워지면 극치감을 경험하
지 못할 것에 대해 미리 걱정하거나 자신이 시간을 너무 오래
끌어 상대방 남성에게 부담이 될지 모른다는 우려를 하여 성
적 흥분이 고조되지 못하는 경우도 있다.

여성 절정감 장애는 일생 동안 지속되는 평생형이 많다. 그
러나 때로는 부적절한 성경험, 충격적 성경험예: 강간, 성폭행, 우
울증, 신체적 질병 등으로 인해 절정감 장애가 발생할 수도 있
다. 즉, 이러한 후천적 요인들이 정상적으로 절정감을 경험해

온 여성들에게 문제를 야기할 수 있다. 그러나 이러한 예외적인 경우를 제외하면, 일단 여성이 절정감에 도달하는 방법을 경험한 후에는 절정감 경험 능력을 상실하는 일이 거의 없다. 다양한 성적 자극을 경험하고 자신의 신체에 대해 더 많은 지식을 얻게 되면 절정감을 체험할 수 있고 더욱 강렬한 극치감을 느낄 수 있다.

3) 생식기-골반 통증/삽입 장애

성행위는 인간에게 커다란 쾌감과 즐거움을 주는 활동이지만, 성교 시에 지속적으로 통증을 경험하여 성행위를 고통스럽게 느끼는 여성들이 있다. 이러한 경우를 생식기-골반 통증/삽입 장애genito-pelvic pain/penetration disorder라고 한다.

이러한 통증은 성교를 하는 동안에 자주 경험되지만 때로는 성교 전이나 성교 후에 느껴질 수도 있다. 남성의 성기가 삽입되는 순간에 가벼운 통증을 느끼고 완전히 삽입되었을 때 심한 통증을 느끼는 것이 일반적이다. 통증의 정도는 가벼운 불쾌감에서 살이 찢기는 듯한 심한 통증까지 다양하다. 지속적으로 성교통증을 경험하게 되면 성행위를 회피하게 되고, 때로는 여성 성적 관심/흥분 장애와 같은 다른 성기능 장애로 발전되어 만성화될 수 있다.

성교통증은 다른 성기능 장애에 비해 매우 드물다. 여성의 경우, 약 8%가 성교통증을 경험한다는 보고가 있다. 그러나 성교통증은 모든 연령층에서 발생할 수 있다. 성교통증은 신체적인 원인에 의해 발생하는 경우가 많지만, 심리적 요인이 통증의 발생과 지속 과정에 영향을 미칠 수 있다. 어린 시절에 성적인 학대나 강간을 당하면서 느꼈던 고통스러운 경험이 성인이 되어 성교 시에 통증을 유발할 수 있다.

이 밖에도 성행위에 대한 죄의식, 상대방에 대한 거부감이나 혐오감, 상대방을 조정하려는 무의식적 동기 등이 생식기-골반 통증/삽입 장애에 영향을 미칠 수 있다. ❖

성기능 장애는
왜 생기는가

3

1. 매스터스와 존슨의 이론

2. 정신분석적 설명

3. 인지 이론적 설명

4. 윈즈의 이론

5. 생물학적 원인

1. 매스터스와 존슨의 이론

성기능 장애를 유발하는 원인은 다양하다. 또한 성기능 장애의 종류에 따라 그 원인이 각기 다르다. 일반적으로 성기능 장애를 유발하는 원인은 크게 심리적인 것과 신체적인 것으로 나누어 볼 수 있다. 앞에서 설명되었듯이, 이 책에서 소개하는 성기능 장애는 주로 심리적 원인에 의해서만 나타나거나 또는 심리적 원인이 신체적 원인과 복합되어 나타나는 경우만을 포함한다. 따라서 여기에서는 주로 성기능 장애의 심리적 원인에 초점을 맞추어 설명하기로 한다. 아울러 심리적 요인과 더불어 성기능 장애에 영향을 미칠 수 있는 신체적인 원인에 한정하여 살펴보기로 한다.

성기능 장애의 원인에 대한 가장 유력한 이론은 매스터스와 존슨(Masters & Johnson, 1970)의 이론이다. 성기능 장애의 과학적 이해에 있어서 매스터스와 존슨이 기여한 공헌은 실로

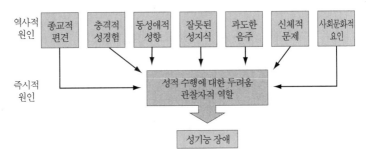

〈성기능 장애의 즉시적 원인과 역사적 원인〉

막대하다. 이들은 인간의 성행동과 성기능 장애를 과학적으로 연구하기 시작한 개척자라고 할 수 있다. 성기능 장애의 분류 역시 이들이 연구한 성반응 주기에 기초하고 있다. 또한 이들은 정상적인 성행위를 위한 심리적 · 신체적 반응을 규명함으로써 성기능 장애의 치료를 위한 구체적 방법을 제시하였다. 이들의 연구가 계기가 되어 성에 대한 과학적 연구가 합법화되고 성에 대한 일반인들의 자유로운 논의가 시작되었다고 할 수 있다.

매스터스와 존슨은 다양한 성기능 장애에 적용될 수 있는 다양한 심리적 원인을 종합적으로 제시하고 있다. 이들은 성기능 장애의 원인을 크게 즉시적 원인과 역사적 원인으로 나누어 설명하고 있다. 즉시적 원인current causes은 성기능 장애가 일어나는 현재의 심리적 과정에 개입되는 원인을 뜻하는 반면, 역사적 원인historical causes은 성기능 장애에 영향을 미칠 수 있는 다양한 과거의 경험이나 사건을 의미한다.

1) 성기능 장애의 즉시적 원인

성기능 장애의 즉시적 원인은 성행위 과정에서 성기능을 억제하는 심리적 원인을 의미한다. 매스터스와 존슨은 주요한 즉시적 원인으로 성적 수행에 대한 두려움과 관찰자적 역할을 제시하고 있다.

(1) 성적 수행에 대한 두려움

성기능 장애를 지닌 사람들이 성행위 시에 나타내는 주된 특징은 성적 수행에 대한 두려움을 지닌다는 점이다. 즉, 성행위 시에 성기능을 제대로 발휘하지 못하여 상대방을 실망시키고 실패할 것에 대한 두려움을 지닌다.

이들은 성행위 시에 '과연 이번에는 성행위를 잘해 낼 수 있을까? 잘 안 되면 어떻게 하지? 이번에도 또 실패하면 무슨 망신인가?'라는 불안한 생각을 하게 된다. 아울러 '이번에는 성행위를 성공적으로 잘해야 한다.' 또는 '상대방을 만족시켜 주어야 한다.'는 강박관념을 지니는 한편, 자신의 성기능에 대한 자신감이 부족하여 실패할 것을 두려워한다. 따라서 이들은 성행위 시 불안수준이 급격히 증가하고 몸이 긴장하게 된다.

성기능은 편안한 마음 상태에서 자연스런 신체적 반응에 따라 성행위를 할 때 원활하게 발휘된다. 그러나 성적 수행에 대한 두려움은 교감신경계에 영향을 미쳐 몸이 긴장되고 자연스런 성적 반응이 억제된다. 따라서 발기된 음경이 다시 작아진다든지 질 분비액이 나오지 않게 되어 성관계에 실패할 수 있다.

(2) 관찰자적 역할

성기능은 우리 몸의 자동적인 신체적 반응에 따라 자연스럽게 내맡길 때 원활하게 발휘된다. 그런데 성기능 장애를 지닌 사람들은 성행위 시에 자신의 신체적 반응을 관찰하는 경향이 있다. 즉, 성행위에 몰두하지 못하고 자신의 성적 반응 상태를 평가하는 관찰자적 역할spectator's role에 서게 되는 것이다.

여기서 관찰자란 자신의 성적 반응을 스스로 바라보면서 감독하는 것을 말한다. 성행위 시에 '지금 내가 잘하고 있나? 나의 발기 상태는 충분한가? 왜 이렇게 몸이 흥분하지 않는 거지?' 등과 같이 자신의 상태를 의식적으로 관찰하고 평가하게 된다. 이러한 관찰자적 태도는 오히려 성기능은 위축시키고 성적 쾌감을 감소시킨다. 또한 관찰자적 태도로 성행위를 할 때 성적 반응이 원하는 대로 나타나지 않게 되면 불안이 커지고 결과적으로 실패를 반복하게 된다. 이러한 실패 경험은 관찰자적 역할을 더욱 강화시킨다.

이처럼 성행위 시에 자신의 성적 수행에 대해서 두려움을 지니고 관찰자적 역할을 취하는 것이 성기능을 위축시키는 즉시적 원인이다. 이러한 요인들은 악순환의 고리를 형성하여 성기능 장애를 악화시킨다. 즉, 성적 수행에 대한 두려움 때문에 관찰자적 태도를 취하고, 관찰자적 태도로 인해 성적 수행의 실패가 유발된다. 따라서 점점 더 두려움은 심해지고 성행위에 몰입하지 못한 채 자신의 성반응을 관찰하게 되어 성기능 장애가 악화되는 것이다.

2) 성기능 장애의 역사적 원인

매스터스와 존슨은 성행위 시의 즉시적 원인에 의해 성기능의 문제가 발생하지만, 근원적으로는 과거의 여러 가지 경험들이 성기능에 영향을 미친다고 주장한다. 이처럼 성기능 장애를 유발할 수 있는 역사적 원인에는 종교적 신념, 충격적 성경험, 동성애적 성향, 잘못된 성지식, 과도한 음주, 신체적 문제, 사회문화적 요인 등이 포함된다. 이러한 요인들이 복합적으로 작용하여 성적 수행에 대한 두려움과 관찰자적 역할을 형성하게 된다.

(1) 종교적 신념

성을 죄악시하거나 성에 대해 부정적 의미를 부여하는 종교적 신념은 성기능 장애의 간접적인 원인이 될 수 있다. 대부분의 종교는 성을 억제하거나 금기시하는 경향이 있다. 우리나라에도 성을 금기시하는 유교적 전통이 있어서 성적인 욕구를 드러내거나 부부관계에서 적극적인 태도를 보이는 여성은 천박하다는 암묵적인 인식이 남아 있다.

이처럼 성에 대해 부정적인 종교적 신념은 가정의 성윤리로 받아들여져 부모의 자녀양육에 영향을 미치게 된다. 성적 쾌락의 추구를 죄악시하는 엄격한 종교적 신념을 지닌 부모 밑에서 성장한 사람들은 성에 대해서 부정적인 태도를 지녀, 자신의 성적 욕구나 흥분을 자연스럽게 받아들이지 못하고 죄의식을 느끼거나 억제적 태도를 지니게 되어 성기능 장애를 나타낼 가능성이 높다.

(2) 충격적인 성경험

성기능 장애를 나타내는 사람 중에는 어린 시절에 성추행이나 성폭행을 당한 경우가 많다. 이처럼 매우 충격적인 성경험을 성적 외상sexual trauma이라고 한다. 성적 외상 경험은 마음속에 깊이 남아 성에 대한 부정적 태도를 지니게 한다. 성은 즐거운 것이 아니라 공포스럽고 고통스러운 것이라는 뿌리 깊은 기억이 성인기의 성생활에 악영향을 미칠 수 있다. 이처럼 성에 대한 심한 두려움과 혐오감은 성기능 장애를 유발할 수 있는 주요한 원인으로 여겨지고 있다. 따라서 충격적인 성경험을 했다면 사건 직후에 적절히 해소하여 악영향을 최소화하는 것이 성기능 장애를 방지하는 데에 중요하다.

(3) 동성애적 성향

동성애적 성향이 이성과의 성관계에서 성기능 장애를 유발하는 원인이 될 수 있다. 특히 발기에 문제가 있는 남성과 절정감에 도달하지 못하는 여성의 경우, 그들이 지닌 동성애적 성향 때문에 이성간의 성관계를 즐기지 못할 수 있다. 이성과 결혼생활을 하고 있는 동성애자인 경우에는 성적인 성향의 차이로 인해 원만한 부부관계에 문제가 발생하게 된다. 동성애자의 수가 증가하는 최근의 추세에서는 이러한 동성애적 성향을 탐색하는 과정이 성기능 장애의 치료에 포함되어야 한다.

(4) 잘못된 성지식

성장 과정에서 습득한 성에 대한 잘못된 지식이 성기능에 영향을 미칠 수 있다. 중학교나 고등학교 학생들은 종종 또래 집단에서 성에 대한 잘못된 정보를 접하게 된다. 또한 성인의 경우 주변의 가까운 사람들로부터 성에 대한 지식을 얻게 되는데, 이런 정보의 많은 부분은 과학적인 근거가 부족한 잘못된 신념일 수 있다. 또한 어떤 성직자들은 성기능의 문제가 종교적 죄악에 대한 신의 처벌이라고 여기기도 한다. 성에 대한 그릇된 지식이나 진위 여부를 가릴 수 없는 신념은 성기능에 직간접으로 악영향을 미칠 수 있다.

(5) 과도한 음주

과도한 음주 역시 성기능에 문제를 초래할 수 있다. 술이 성기능을 향상시키고 성적 흥분을 증가시켜 준다고 생각하는 사람들이 많다. 그러나 이러한 술의 효과는 알코올에 의한 것이 아니라 술을 마신 사람이 지니고 있는 술의 효과에 대한 믿음에 의한 것일 뿐, 술은 성적 흥분을 감소시킨다. 특히 많은 양의 술을 마신 남성은 발기에 어려움을 겪는다. 이 경우에 일시적인 발기곤란을 술에 의한 것으로 생각하기보다 성기능 자체의 문제로 생각하여 지나치게 걱정하게 되고, 그 결과 발기장애로 발전할 수 있다.

(6) 신체적 문제

성기능 장애는 성병, 신체적 질병, 약물복용, 폐경과 같은 신체생리적 문제에 의해 촉발될 수 있다. 예를 들어, 성기나 주변 부위에 나타나는 감염성 성병으로 인해 성욕구가 감퇴되고 성관계를 회피할 수 있다. 특히 당뇨병은 발기장애를 초래할 수 있으며, 진통제나 안정제와 같은 약물 역시 성적 흥분을 감소시킬 수 있다. 생식기-골반 통증/삽입 장애는 신체생리적 문제로 인해 발생하는 경우가 많다. 특히 폐경기에 접어든 여성의 경우는 질분비물이 부족하기 때문에 성교 시에 통증을 느끼게 된다.

(7) 사회문화적 요인

성이나 성역할에 대한 왜곡된 신념을 심어 주는 사회문화적 요인 역시 성기능에 부정적인 영향을 미칠 수 있다. 특히 여성의 성기능 장애는 이러한 사회문화적 영향에 의한 경우가 많다. 여러 문화권에서는 여성이 적극적인 성적 행동을 나타내는 것을 금기시하고 있다. 이러한 문화 속에서 여성은 성적 욕구를 억압하고 성행위 시 소극적인 역할을 하도록 요구받는다.

그러나 여성은 남성보다 더 강렬한 성적 쾌감과 여러 번의 절정감을 느낄 수 있는 신체적 특성을 지니고 있다. 따라서 여성은 성생활에서 자신의 억제적 성역할과 활발한 성반응 사이

에서 더 많은 심리적 갈등을 지니게 된다. 이런 점에서 매스터
스와 존슨은 사회문화적 요인이 여성의 성기능 장애를 유발하
는 중요한 요인이라고 보았다. ◆

2. 정신분석적 설명

프로이트는 정신분석학의 창시자로서 인간의 다양한 심리적 장애가 무의식적 갈등에 기인한다고 본다. 특히 어린 시절의 성장 과정에서 해결되지 않은 무의식적 갈등이 성인이 된 후에 다양한 심리적 문제를 초래할 수 있다고 주장한다. 그리고 대부분의 정신분석학자는 이러한 관점에서 성기능 장애의 원인을 설명하고 있다.

정신분석적 관점에서 볼 때, 성기능 장애는 억압된 심리적 갈등이 신체적으로 드러난 증상이다. 따라서 성기능 장애를 초래하는 무의식적 갈등이 무엇인지를 찾아내는 데에 초점을 두고 있다. 성기능 장애를 초래하는 무의식적 갈등을 찾아내기 위해서는 성기능 장애가 어떤 상징적 의미를 지니고 있으며, 어린 시절의 성장 경험과 어떤 관련이 있는지를 탐색하는 것이 중요하다.

1) 남성의 성기능 장애

(1) 상대방을 좌절시키기 위한 성기능 장애

성기능 장애는 당사자와 배우자에게 여러 가지 상징적 의미를 지니고 있다. 예컨대, 남성의 발기장애나 조루증은 성행위 상대인 여성이 성적으로 만족하지 못하게 하여 좌절시키는 결과를 초래한다. 이로 인해 여성은 성적인 불만족과 좌절감을 느끼는 고통을 겪게 된다. 따라서 발기장애나 조루증은 상대방을 좌절시키고 고통스럽게 만드는 무의식적인 분노의 표현일 수 있다. 여성 상대에 대해서 무의식적으로 누적되어 온 여러 가지 불만, 실망, 분노, 공격성이 우회적으로 성행위 과정에서 상대방을 좌절시키는 방법으로 표현될 수 있다는 것이다. 성행위는 기본적으로 성욕구를 발산함으로써 성적 쾌감을 얻기 위한 것이다. 남성의 경우, 발기가 되어 충분한 성교를 통해 상대 여성을 만족스럽게 했을 때 자신의 성적 쾌감도 커진다. 그러나 상대 여성에 대한 분노와 적개심을 내면에 지니고 있을 경우, 상대방을 성적으로 만족시켜 즐겁게 해 주는 것은 원치 않는 일이다. 따라서 성적 쾌감을 극대화하고자 하는 성욕구와 상대방을 좌절시키고자 하는 공격욕구가 갈등하게 된다. 이때 상대 여성에 대한 무의식적인 분노와 적개심이 강렬한 남성은 자신의 성적 만족을 희생하더라도 상대 여성을 좌절시키는 방법을 택하게 된다. 특히 조루증의 경우, 남성은 빨리 사정함으로써 자신은 절정감을 경험하지만 상대 여성은 좌절시키는 효과를 거둘 수 있다. 이러한 심리적 과정은 무의식적으로 일어나기 때문에 당사자에게는 의식되지 않는다.

(2) 감정의 전이로 인한 성기능 장애

때로는 상대 여성에 대한 분노와 적개심이 없는 경우에도 남성에게 성기능 장애가 나타날 수 있다. 정신분석학에 따르면, 어린 시절에 어머니에게 느꼈던 분노와 적개심이 무의식적으로 억압되었다가 성인이 된 후 성행위 과정에서 표출될 수 있다고 한다. 특히 자신의 어머니를 연상시키는 여성과 성행위를 할 때, 어머니에 대한 분노와 적개심이 상대 여성에게 전이되어 성기능의 문제로 나타날 수 있다는 것이다.

(3) 거세불안으로 인한 성기능 장애

남성의 성기능 장애는 적개심뿐만 아니라 무의식적인 불안에 의해서도 나타날 수 있다. 특히 발기장애는 거세불안 castration anxiety에 대한 일종의 방어라고 볼 수 있다. 프로이트에 의하면, 3~4세의 남자아이는 어머니의 사랑을 받고 싶어 하며 아버지를 경쟁상대로 생각하여 미워하게 된다. 그러나 아버지는 자신에 비해 훨씬 강력한 존재이기 때문에 아버지가

자신을 처벌하기 위해서 성기를 잘라 버릴지 모른다는 공포
감, 즉 거세불안을 경험하게 된다. 이러한 심리적 갈등을 오이
디푸스 콤플렉스oedipus complex라고 한다. 이것은 남자아이가
아버지처럼 강력한 존재가 되기 위해 아버지를 닮아 가려는
동일시 과정을 통해 해결된다. 그러나 이러한 갈등이 해결되
지 않은 사람은 성인이 된 후에도 거세불안을 지니고, 아버지
가 자신의 성기에 손상을 가할지 모른다는 불안과 두려움을
지니게 된다. 어머니를 상징하는 상대 여성과 성교를 한다는
것은 어머니를 범하는 것이고, 따라서 아버지로부터 거세를
당하게 될 것이라는 무의식적인 불안이 나타난다. 그리고 이
러한 불안으로 인해 발기에 어려움을 겪게 된다. 즉, 발기가
되지 않으면 어머니와 관계를 가질 수 없고, 따라서 아버지로
부터 거세를 당하지 않을 것이라는 무의식적 판단을 하게 된
다는 것이다. 정신분석에서는 이처럼 발기불능을 오이디푸스
콤플렉스에 기인한 거세불안을 회피하기 위해 나타난 현상이
라고 설명하고 있다.

2) 여성의 성기능 장애

(1) 상대방을 좌절시키기 위한 성기능 장애

여성에게 나타나는 생식기-골반 통증/삽입 장애는 성적 만

족을 원하는 남성의 성기가 자신의 질에 삽입되는 것을 봉쇄함으로써 상대방을 좌절시키는 상징적 의미를 지니고 있다. 즉, 이는 남편이나 상대 남성에 대한 무의식적인 적대감을 표현하는 우회적인 방법일 수 있다. 대부분의 여성에게 나타나는 성기능 장애가 상대 남성을 좌절시키는 결과를 초래하는 것은 사실이다.

(2) 남근선망으로 인한 성기능 장애

여성의 성기능 장애는 상대에 대한 적대감뿐만 아니라 경쟁심에 의해 초래될 수도 있다. 정신분석학에 따르면, 여성이 지닌 남성에 대한 경쟁심은 무의식적인 남근선망penis envy과 관련되어 있다. 어린 시절 여자아이는 남자아이가 지니고 있는 남근을 부러워한다. 특히 남아를 선호하는 문화권에서는 부모가 남자아이의 '고추'를 귀여워하고 소중히 여기며 때로는 찬사까지 보낸다. 이러한 모습을 접하는 여자아이는 남근이 없는 자신에 대해서 열등감을 느끼는 한편, 남근을 부러워하며 남자아이에게 경쟁심을 느끼게 된다. 이러한 남근선망을 강하게 지니고 있는 여성은 심지어 부부관계에서도 남편을 경쟁상대로 여기고, 자신이 남편의 애무와 성교행위로 인해 수동적으로 흥분하고 절정감을 느끼는 것은 남편에게 굴복하는 것이라고 여긴다. 이러한 심리적 상태에서는 결코 성적 흥분이나 절정감을 느끼기 어렵다. 이처럼 상대 남성에 대해서 무의식적으로 적개심을 지니고 있거나 강한 경쟁심을 느끼는 여성은 성기능 장애를 나타낼 수 있다.

(3) 내면화된 초자아로 인한 성기능 장애

이 밖에도 사회와 부모의 도덕적 기준인 내면화된 초자아가 지나치게 강할 때에도 성기능 장애가 나타날 수 있다. 특히 성을 죄악시하거나 성에 대해서 지나치게 금욕적인 부모의 양육을 받은 사람은 그러한 윤리적 가치를 내면화하여 자신의 윤리 기준으로 삼게 된다. 대부분의 문화권이 남성에게는 비교적 관대한 성윤리를 요구하는 반면, 여성에게는 가혹할 정도로 금욕적인 성윤리를 요구한다. 이러한 사회적 성윤리를 초자아로 내면화한 여성은 성욕구를 느끼고 성적 흥분을 경험하는 것에 대해서 지나치게 죄의식을 지니게 된다. 따라서 성행위를 회피하거나 성적 흥분을 억제함으로써 죄책감을 감소시키려는 시도가 나타나게 된다. 이러한 무의식적인 심리적 과정이 여성에게 성기능 장애를 초래할 수 있다.

성기능 장애에 대한 정신분석적 설명은 과학적으로 검증되기 어렵다. 정신분석학에서 사용하는 개념들이 모호할 뿐만 아니라 무의식적인 심리적 과정을 설명하고 있기 때문이다.

그러나 성기능 장애를 지닌 사람들은 실제로 부모와의 관계에서 해결되지 않은 심리적 갈등을 지니고 있는 경우가 많다. 특히 발기장애의 경우, 매스터스와 존슨이나 캐플런과 같은 저명한 성연구자들도 부모와의 갈등이 장애의 원인적 요인이 될 수 있음을 인정하고 있다. ◆

3. 인지 이론적 설명

현재 이상심리학에서 가장 각광을 받고 있는 설명방식은 인지 이론적 접근이다. 인지 이론cognitive theory은 개인의 사고 내용과 사고 과정에 초점을 두고 심리적 장애가 유발되는 과정을 설명한다. 이러한 인지 이론은 벡Beck에 의해 처음 우울증의 발생 과정을 설명하기 위해 시도되었으며, 성기능 장애를 비롯한 다른 심리적 장애에도 적용되고 있다.

성기능 장애에 대한 인지 이론은 개인이 성행위에 대해서 지니는 사고 내용에 초점을 두고 있다. 사실 성기능에는 성행위 시의 인지적 · 정서적 · 행동적 · 생리적 과정이 복합적으로 관여한다. 인지 이론은 성행위에 관여하는 정서적 흥분과 신체적 반응은 인지적 요인에 의해서 영향을 받는다고 본다. 또한 성기능 장애는 성행위 시에 지니는 부적응적인 생각에 의해 정서적 흥분이 감퇴하고 신체적 반응이 위축됨으로써 나타난다고 본다.

일상생활에서와 마찬가지로 우리는 성행위 시에도 여러 가지 자극에 대해서 그 의미를 해석한다. 이때 성적 자극에 대해서 어떤 의미를 부여했느냐에 따라서 정서적 흥분과 신체적 반응이 달라진다. 예를 들어, 아내가 먼저 침대에 누워 눈을 감고 있을 때, 아내가 오늘밤 성행위를 원하기 때문에 먼저 누워있는 것이라고 생각한 남편은 정서적으로 아내에게 애정을 느끼고 신체적으로도 흥분되어 발기될 수 있다.

그러나 같은 상황에서 아내가 성행위를 원치 않아 먼저 잠을 청하기 위해 드러누운 것이라고 생각한 남편의 경우에는 아내에 대해서 불쾌감을 느끼게 되고 따라서 성욕구를 느끼기 어렵다. 이처럼 아내의 행동에 대해서 부여한 의미에 따라 성적 반응이 달라진다.

다른 예를 살펴보자. 과음을 하고 저녁 늦게 들어온 남편이 아내와 성행위를 시도하였지만 발기가 되지 않아 성행위를 할 수 없었다. 이때 '아니, 벌써 발기가 되지 않을 나이가 되었나? 벌써 이러면 큰일인데. 아내가 실망했을 텐데, 무슨 망신인가?'라고 생각한 남편은 자신의 우연한 발기 실패를 심각하게 느끼고 걱정할 것이다. 따라서 다음 성행위 시에 발기되지 않을 것을 두려워하며 발기하려고 의식적으로 노력할 것이다. 그러나 이러한 불안이 오히려 발기를 어렵게 만들 수 있다.

반면, 발기 실패에 대해서 '오늘 술이 과했나 보다. 때로는 이런 날도 있지. 아내도 이해할 거야.'라고 생각한 남편의 경우에는 이 일을 대수롭지 않게 느낀다. 따라서 다음 성행위 시에는 평소와 다름없이 자연스럽게 정상적인 성행위를 할 수 있다. 이처럼 동일한 상황에서 어떤 생각을 했느냐에 따라서 성적 반응이 달라진다.

인지 이론은 성기능 장애를 유발하는 부적응적인 사고와 신념에 초점을 두고 있다. 성기능 장애를 유발하는 인지적 요인은 크게 성에 대한 역기능적 신념과 성행위 시의 부정적 사고로 나눌 수 있다. 성에 대한 역기능적 신념dysfunctional beliefs about sex은 원활한 성기능을 방해하는 평소의 믿음을 뜻하며, 성행위 시의 부정적 사고negative thoughts during sexual activity는 성행위를 하는 동안에 지니고 있거나 스쳐 지나가는 생각들로서 성기능을 억제하는 역할을 한다.

1) 성에 대한 역기능적 신념

(1) 비현실적인 과도한 기대와 믿음

사람마다 성에 대한 신념이 다르다. 사람들은 사회문화적 배경과 개인의 성경험에 따라서 성에 대한 다양한 신념을 지니게 된다. 성기능 장애를 나타내는 사람들 중에는 성에 대해서 비현실적 신념을 지니고 있는 사람들이 많다. 즉, 성에 관해서 현실적으로 실현되기 어려운 과도한 기대와 믿음을 지니고 있다. 이러한 신념의 예로는 '성적 능력은 나의 가치평가에 매우 중요하다. 성기능이 약하면 나는 무가치한 존재다.' '성행위 시에는 항상 상대방을 만족시켜 주어야 한다.' '상대방이 절정감을 느끼게 하지 못한 성행위는 실패한 것이다.' '성적으로 만족시켜 주지 못하면 상대방이 나를 무시하고 싫어할 것이다.' 등이 있다. 하지만 이러한 신념들은 대부분 잘못된 것이고 실제 성행위 시에 실현되기 어려운 것이다. 따라서 이러한 신념을 지니는 사람들은 성행위 시에 좌절과 실패감을 느끼기 쉽다. 또한 성기능에 사소한 문제라도 생기면 커다란 충격으로 받아들여 과도한 걱정을 하게 된다. 이러한 걱정은 성행위 시의 불안을 초래하여 성기능의 문제를 악화시킨다.

(2) 성에 대한 부정적 신념

성기능 장애를 지닌 사람들 가운데는 성에 대해서 부정적 신념을 지니고 있는 경우가 있다. 예를 들어, '성행위는 본래 추잡하고 죄스런 짓이다.' '정신적 사랑은 고귀한 것이지만 육체적 사랑은 천박한 것이다.' '성행위를 원하는 사람은 나를 단지 성적 대상으로 여기는 것이다.' '내가 먼저 성행위를 원하면 상대방이 나를 색골로 볼 것이다.' '성적으로 흥분하여 적극적으로 행동하면 상대방이 나를 음탕한 사람이라고 무시할 것이다.' 등의 신념처럼 성을 부정적으로 보는 것들이다. 이러한 신념을 지닌 사람은 자신의 성욕구나 성적 흥분을 자연스러운 것으로 받아들이지 못하고 억압하게 된다. 따라서 성행위에 대해서 불안과 죄책감을 느끼고 성행위에 몰두하지 못함으로써 성기능에 문제가 생기게 된다.

2) 성행위 시의 부정적 사고

이러한 역기능적 신념들은 성행위에 대한 부적절한 기대와 태도를 지니게 한다. 즉, 성행위에 대한 과도한 부담을 지니거나 혐오적 태도를 갖게 하여 성행위 시에 불안감을 느낄 가능성이 높다. 불안은 성기능 장애를 유발하는 매우 중요한 요인이다. 불안해지면 성행위에 몰두하지 못하고 자신의 상태를 확인하려 하는 자기초점적 주의self-focused attention 경향이 나타난다. 이처럼 매스터스와 존슨이 말하는 관찰자적 역할에 서게 되어 자신의 신체적 반응이 제대로 이루어지고 있는지를 자꾸만 확인하려 들면 자연스러운 성적 반응이 위축하게 된다.

성행위 시에 이렇게 자신의 상태를 관찰하는 과정에서, 성기능 장애를 지닌 사람들은 부정적인 생각을 많이 하는 경향이 있다. 이들은 성행위 시에 나타나는 자신의 신체적 반응과 상대방의 반응을 부정적인 의미로 해석하는 것이다. 예컨대, 발기가 완전하지 못하면 '또 발기가 안 되려나 보다. 큰일 났네. 실패하면 어떡하지. 아내가 실망하겠지. 빨리 발기해야 할 텐데. 왜 이렇게 안 되는 거야.'라는 부정적 생각을 하게 되어 초조감이 증폭된다. 또는 성행위 시에 상대방이 충분히 흥분하지 않으면 '지금 나에게 실망하고 있나 보다. 나에게 성적 매력을 못 느끼는 거야. 나는 성적 테크닉이 부족해. 앞으로 나를 싫어하고 무시하겠지.'라는 부정적 생각을 하게 되어 불안감이 커진다. 절정감에 도달하지 못하고 성행위가 끝났을 경우, '또 실패했어. 왜 늘 이 모양이야. 나는 성적으로 무능해. 심각한 문제가 있는 게 분명해. 앞으로도 매번 이러면 어떡하지?'라는 생각과 더불어 좌절감을 느끼게 된다.

이처럼 성행위 시에 갖게 되는 부정적인 생각은 불안감, 초조감, 좌절감을 증폭시킨다. 따라서 성적 흥분과 신체적 반응이 억제되고 자신의 성기능에 대한 자신감이 저하되면서 걱정이 지속된다. 그렇게 되면 다음 성행위 시에도 자신의 성적 수행에 대한 불안과 두려움을 지니게 되어 실패가 반복되는 것이다. ◆

4. 윈즈의 이론

　매스터스와 존슨의 연구를 계기로 성에 대한 공개적인 논의와 과학적 연구가 활발해지면서 성기능 장애의 원인을 찾으려는 노력이 다양한 측면에서 이루어졌다. 성기능 장애는 어떤 한 원인에 의해서 유발되기보다는 다양한 원인이 서로 영향을 주고받으면서 복합적으로 작용하여 발생한다는 것이 일반적인 견해다.

1) 성기능 장애에 영향을 미치는 요인

　미국의 임상심리학자인 윈즈Wincze는 성기능 장애에 영향을 미칠 수 있는 원인을 포괄적으로 고려한 설명 모델을 다음과 같이 12가지 요인으로 제시하고 있다.

(1) 성에 대한 지식

사람마다 성에 대해서 지니고 있는 지식의 양과 내용이 다르다. 남녀의 성기 구조나 성감대 분포, 성반응 패턴, 성행위 방법과 기술, 성기능 장애나 성병 등에 대한 올바른 지식을 풍부하게 지닐수록 성을 즐길 수 있다. 반면, 성에 대한 지식이 부족하거나 잘못된 성지식을 지닌 사람들은 성기능의 문제를 지닐 가능성이 높다.

(2) 배우자와의 관계의 질

성행위 상대와의 인간관계는 성기능에 있어서 중요한 역할을 한다. 결혼한 사람의 경우, 부부관계가 원만하지 않거나 갈등이 있으면 성생활에도 문제가 생기기 쉽다. 그러나 서로를 사랑하고 편안하게 느끼는 부부라면 성생활을 즐길 수 있으며, 설혹 사소한 성적 문제가 생겨도 잘 극복할 수 있다.

(3) 신체의 건강 상태

성기능은 신체의 건강 상태와 직접적인 관련이 있다. 육체적으로 건강하고 활력이 넘칠 때는 성기능이 왕성해지지만, 체력이 약하고 신체적 질병이 있으면 성기능에 문제가 생길 가능성이 높아진다.

(4) 정신의 건강 상태

정신의 건강 상태 역시 성기능에 중요한 영향을 미친다. 우울증이나 불안장애와 같은 정신장애를 지닌 사람은 성적 욕구나 흥분을 느끼는 데에 어려움을 겪게 된다. 또한 성격적 장애가 있는 경우에도 대인관계에 다양한 문제를 야기하여 정신건강과 성기능에 영향을 미칠 수 있다.

(5) 자아상

자아상self-image은 자기 자신에 대한 인식과 평가를 의미한다. 긍정적인 자아상을 지닌 사람은 자신감을 지니고 낙관적인 경향이 있어서 성생활에 잘 적응할 수 있다. 반면에 부정적인 자아상을 지닌 사람은 자신감이 낮고 비관적인 경향이 있어서 사소한 좌절에도 걱정을 많이 하고 쉽게 위축될 수 있다.

(6) 자기주장성

성생활에서는 자기주장성self-assertiveness이 중요하다. 자기주장적인 사람은 상대방에게 자신의 욕구나 바람을 잘 표현하고 전달함으로써 만족스런 성생활을 할 수 있다. 이들은 성적인 어려움이 있는 경우에도 이를 상대방에게 알리고 도움을 요청하여 문제 상황을 쉽게 극복할 수 있다. 반면에 비주장적인 사람은 상대방과 의사소통을 원활하게 하지 못하여 원만한 성생활에 어려움을 겪을 가능성이 높다.

(7) 충격적 성경험

성기능 장애를 지닌 사람들 중에는 과거에 성폭행이나 강간과 같은 충격적인 성적 경험을 한 경우가 많다. 특히 어린 시절에 고통스럽고 공포스러운 성경험을 한 사람은 성기능 장애를 나타낼 가능성이 높다.

(8) 약물남용

다양한 약물은 성기능에 부정적인 영향을 미칠 수 있다. 알코올이나 향정신성 약물을 비롯하여 신체의 질병을 치료하기 위한 약물들은 성욕구를 감퇴시키고 성적 흥분을 억제시킬 수 있다. 이러한 약물을 남용하게 되면 성기능에 문제가 발생할 수 있다.

(9) 부모로부터의 애정결핍

성기능 장애를 나타내는 사람 중에는 어린 시절에 부모로부터 충분한 사랑과 애정을 받지 못한 사람들이 많다. 이러한 애정결핍은 자아상에 영향을 미칠 뿐만 아니라 이성관계나 부부관계에서 부적응을 초래하여 결과적으로 성기능의 문제를 야기할 수 있다.

(10) 환경적 상황

주변 환경으로부터 받는 스트레스나 심리적 압박은 성기능에 부정적인 영향을 미친다. 즉, 가정적·경제적·직업적 측면에서 스트레스를 받게 되면 성생활에서도 편안한 마음을 지니기 어렵다. 원만한 성생활은 다른 삶의 영역에서 발생하는 문제들을 원만하게 잘 해결하여 안정되고 편안한 심리 상태를 유지할 때 가능하다.

(11) 성적인 새로움의 추구

원만한 성생활을 하는 사람들은 성에 대해서 긍정적인 시각을 지니고 새로운 성적 자극을 추구하는 성향이 있다. 반면, 성생활에 대한 권태감이나 혐오감은 성기능에 부정적인 영향을 미치게 된다.

(12) 나이

나이는 성기능과 밀접한 관련이 있다. 나이가 많아짐에 따라 신체적으로 쇠약해지고 성적 민감성도 저하된다. 따라서 성반응 단계가 원활하게 진행되지 못하여 성기능의 문제가 발생할 가능성이 높아진다.

2) 성기능 장애의 설명 모델

앞서 성기능 장애에 영향을 미치는 12개의 요인을 살펴보았다. 그러나 윈즈는 이러한 요인들이 직접적으로 성기능의 문제를 유발하는 것은 아니며, 성기능 장애의 유발에 기여할 수 있지만 성기능 장애를 유발하는 충분조건은 아니라고 보았다. 보다 중요한 것은 이러한 요인들을 개인이 어떻게 받아들이고 평가하느냐는 점인 것이다(윈즈의 설명 모델 참조). 윈즈가 제시하는 성기능 문제의 설명 모델을 예를 들어 살펴보기로 하자.

유방절제수술을 받은 여성들은 흔히 성욕구가 현저히 감퇴하는 경향이 있다. 그러나 유방절제수술을 받은 모든 여성에게 그러한 문제가 나타나는 것은 아니다. 긍정적인 자아상을 지닌 여성은 유방을 절제한 것에 대해 좌절감을 느끼기는 하지만, 자신은 여전히 남성에게 성적인 호감을 줄 수 있는 매력적인 존재라고 생각하여 정상적인 성욕구를 지닐 수 있다. 그러나 부정적인 자아상을 지닌 사람은 유방절제를 심한 충격으로 받아들이고 자신은 더 이상 여자가 아니며 성적 매력을 상실했다고 생각하여 성욕구가 억제될 수 있다. 이처럼 유방절제라는 신체적인 문제를 어떻게 받아들이느냐에 따라 성기능 문제로의 발전 여부가 결정되는 것이다.

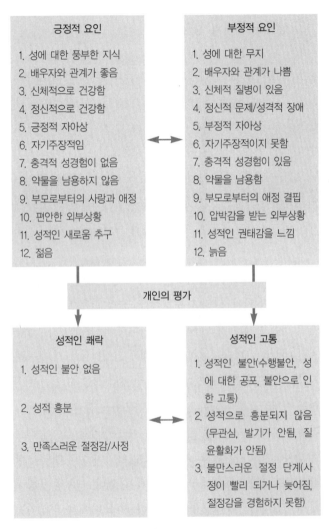

긍정적 요인	부정적 요인
1. 성에 대한 풍부한 지식	1. 성에 대한 무지
2. 배우자와 관계가 좋음	2. 배우자와 관계가 나쁨
3. 신체적으로 건강함	3. 신체적 질병이 있음
4. 정신적으로 건강함	4. 정신적 문제/성격적 장애
5. 긍정적 자아상	5. 부정적 자아상
6. 자기주장적임	6. 자기주장적이지 못함
7. 충격적 성경험이 없음	7. 충격적 성경험이 있음
8. 약물을 남용하지 않음	8. 약물을 남용함
9. 부모로부터의 사랑과 애정	9. 부모로부터의 애정 결핍
10. 편안한 외부상황	10. 압박감을 받는 외부상황
11. 성적인 새로움 추구	11. 성적인 권태감을 느낌
12. 젊음	12. 늙음

개인의 평가

성적인 쾌락	성적인 고통
1. 성적인 불안 없음	1. 성적인 불안(수행불안, 성에 대한 공포, 불안으로 인한 고통)
2. 성적 흥분	2. 성적으로 흥분되지 않음(무관심, 발기가 안됨, 질 윤활화가 안됨)
3. 만족스러운 절정감/사정	3. 불만스러운 절정 단계(사정이 빨리 되거나 늦어짐, 절정감을 경험하지 못함)

〈성기능 문제에 대한 윈즈의 설명 모델〉

성관계에서 우연하게 한 번 발기곤란을 겪은 남성의 예를 살펴보자. 만약 그 사람이 성지식이 풍부하여 발기곤란은 누구나 일시적으로 겪을 수 있는 문제라고 생각하면 대수롭지 않게 생각하고 자신의 성기능에 과도한 걱정을 하지 않을 것이다. 그러나 성행위를 시도할 때는 항상 발기되어야 한다는 잘못된 성지식을 지닌 사람은 발기 실패를 충격적으로 받아들이고 심한 불안을 느껴 이후의 성관계에서 발기곤란이 반복될 수 있다.

이처럼 성기능 관련 요인은 개인의 평가 과정을 통해서 성반응에 영향을 미친다. 특히 성기능에 부정적인 영향을 미치는 요인들을 여러 가지 지니고 있고 또한 이에 대한 개인의 평가가 적절하지 못할 경우, 성행위에 대한 불안감이 높아지고 성적 흥분이 억제되어 절정감을 느끼기 어렵게 된다.

성행위에 대한 불안은 성적 수행에 대한 불안, 성행위 자체에 대한 두려움, 심리적 고통과 불쾌감 등으로 느껴질 수 있다. 또한 성적 흥분의 저하는 성에 대한 무관심, 발기곤란, 질 윤활화의 부족으로 나타날 수 있다. 아울러 절정감 단계에서도 남성의 경우 사정이 지나치게 빠르거나 늦어지게 되고, 여성의 경우는 절정감을 느끼지 못하게 된다.

이러한 성기능의 문제를 경험하게 되면, 개인은 이러한 문제에 대해서 나름대로 평가를 하게 되며, 이 평가 과정에

12개의 성기능 관련 요인이 관여하게 된다. 이처럼 순환적
이고 상호 작용적인 과정을 통해 성기능 장애가 발생할 수
있다. ◆

5. 생물학적 원인

성기능 장애의 발생 과정에는 심리적 요인이 중요한 영향을 미친다. 그러나 성기능 장애는 여러 가지 생물학적 요인에 의해서 촉발될 수 있다. 대부분은 생물학적 요인과 심리적 요인이 복합적으로 작용하여 성기능 장애가 발생하고 악화된다. 성기능 장애를 유발할 수 있는 생물학적 원인들을 살펴보기로 한다.

1) 신체적 질병

성기능은 신체적 문제나 질병에 지대한 영향을 받는다. 성기능에 영향을 미치는 주된 신체 질환에는 성기나 성행위에 관여되는 기관에 손상을 주는 다양한 질병이 있다. 성병을 비롯하여 자궁암, 유방암, 음경 부위의 종양은 성행위를 곤란하게 할 뿐만 아니라 성기능을 저해한다. 때로는 이러한 질병으로 인한 심리적 고통이 성기능 문제를 야기할 수도 있다. 예컨대, 유방암을 치료하기 위해 유방을 절제한 여성은 성행위를 하는 데에 직접적인 문제는 없지만 자신의 몸을 다른 사람에게 드러내는 것을 수치스럽게 느끼거나 더 이상 자신이 신체적으로 매력이 없다고 생각하여 성관계를 피하고 성욕을 상실할 수 있다.

성기능의 이상은 신체적 질환의 증상으로 나타날 수 있다. 이러한 대표적 질병이 당뇨병이다. 당뇨병에 걸린 사람은 초기 증상으로 일시적인 발기불능을 경험하게 된다. 당뇨병이 발기문제를 유발한다는 점을 잘 알고 있는 사람은 발기불능을 당연한 것으로 받아들이고 당뇨병의 치료를 통해서 발기문제를 해결할 수 있다. 그러나 당뇨병으로 인한 일시적인 발기불능을 알지 못하고 그 원인을 잘못 해석하여 충격적으로 받아들이고 걱정하게 되면 발기불능이 심해질 수 있다. 이처럼 신체적인 질병으로 인해 성기능의 문제가 발생할 수 있는데, 그 원인을 잘못 추정하고는 부적절하게 대처하면 성기능의 문제가 악화될 수 있다.

심장병이나 고혈압 증세를 지닌 남성의 경우도 마찬가지다. 이들은 성행위 시에 성적으로 흥분하면 심장이나 혈관에 무리가 생겨 심장발작이 일어나지나 않을까 하는 두려움과 불안을 지닌다. 이러한 불안은 역시 성기능을 억제하여 문제를 야기할 수 있다.

2) 약물 복용

다양한 약물의 부작용으로 성기능에 문제가 생길 수 있다. 성반응 주기의 각 단계가 여러 가지 약물에 의해서 방해받을 수 있다는 것은 이미 잘 밝혀진 사실이다. 특히 향정신성 약물은 성기능에 부작용을 유발하기 쉽다. 성기능의 부작용을 초래하는 주된 약물로는 항우울제, 정신분열증 치료제, 진정제, 호르몬제, 마취제 등이 있다.

또한 알코올은 중추신경 억제제로서 성기능에 영향을 미친다. 적은 양의 알코올은 불안을 완화시키는 효과가 있지만 많은 양의 알코올은 성기능을 억제한다. 특히 갑자기 많은 양의 알코올을 섭취하여 생기는 급성 알코올 중독은 성적 흥분과 절정감에 악영향을 준다. 뿐만 아니라 알코올은 섭취를 중단한 후에도 지속적으로 성기능에 해로운 영향을 준다는 연구 결과도 있다. 특히 여성의 경우, 알코올은 성욕구와 성적 만족감을 감소시킨다.

알코올은 성적 반응을 억제하는 직접적인 효과를 지닐 뿐만 아니라 여러 가지 간접적인 효과를 통해 성기능을 억제한다. 알코올은 간의 손상을 초래하여 이차적인 성호르몬의 분비를 감소시킬 수 있고, 신경질환을 유발하여 성적 감각의 감퇴를 가져올 수 있으며, 뇌에 기질적 손상을 입혀 성과 대인관계에 대한 관심을 감소시킬 수 있다.

3) 연령 증가에 따른 신체의 노화

성기능은 20대에 정점에 도달했다가 나이가 들어감에 따라 쇠퇴하여 점차 약화된다. 성기능의 쇠퇴 과정은 남녀에 따라 차이가 있다. 여성은 폐경기가 시작되면서 성호르몬 분비가 중단되고 급격하게 성기능이 저하되는 경향이 있다. 이렇게 되면 질점막이 퇴화하고 질의 윤활 작용이 저하되어 성적 흥분을 느끼기 어려울 뿐만 아니라 성교통증을 경험할 수 있다.

남성의 경우는 나이가 든다고 성호르몬 수준이 급격히 감소하지는 않으며, 성기능이 점진적으로 쇠퇴하는 경향이 있다. 남성은 노화와 더불어 발기력이 저하된다. 노화에 따라 발기하는 데에 걸리는 시간이 증가하고, 발기를 위해서 더 많은 촉각 자극이 필요하며, 성기 팽창력과 사정 강도도 감소하고, 사정 후 다시 발기할 수 있는 상태로 회복되는 시간이 길어진다. 이처럼 노화에 따라 성기능이 쇠퇴하게 되고, 아울러 성행위의 빈도와 강도도 감소하는 추세를 보인다.

그러나 연령 증가가 반드시 직접적으로 성기능의 쇠퇴를 초래하는 것은 아니다. 연령이 증가하여 장년기 혹은 노년기에 접어들면 전반적인 신체적 쇠퇴가 일어나는 동시에 여러 가지 신체적 질병이 생겨나고 약물을 사용하는 빈도가 증가한다. 또한 노년기에는 정년퇴직, 배우자의 죽음 등의 부정적 사건을 경험하게 되면서 여러 가지 정서적 문제가 발생한다. 이렇게 연령 증가에 따른 다양한 신체적 · 심리적 변화가 전반적인 신체적 쇠퇴와 더불어 성기능의 약화를 유발한다.

나이가 들어가더라도 성기능을 저해할 수 있는 요인들을 방지하면 성기능은 잘 유지될 수 있다. 또한 연령이 증가하여 노년기에 접어들어도 성적 욕구나 관심은 감소하지 않는다는 연구 결과들이 있다. 연령이 증가할수록 성행위의 빈도가 감소하는 것은 성욕구의 감소보다는 성행위를 할 수 있는 기회가 감소하기 때문이라는 주장도 제기되고 있다. ✦

성기능 장애를 어떻게 치료할 것인가

4

1. 매스터스와 존슨의 성치료

2. 행동주의적 성치료

3. 캐플런의 성치료

4. 약물치료와 외과적 치료

5. 성기능 장애의 자가치료

6. 일반적인 치료법

1. 매스터스와 존슨의 성치료

매스터스와 존슨은 1970년에 『인간의 성적 부적응Human sexual inadequacy』이라는 책을 출간하여 많은 세간의 관심을 모았다. 그들은 이 책에서 성기능 장애의 원인에 대한 이론적 설명을 시도하고 있을 뿐만 아니라 획기적인 성치료법을 제시하였다. 이 책은 소위 '성치료 운동sex therapy movement'의 계기가 되어 성에 대한 공개적 논의를 활성화시키고 성치료를 대중화하는 데 크게 기여하였다.

1) 성치료법의 특징

매스터스와 존슨이 제시한 성치료 방법은 몇 가지 독특한 특징을 지니고 있다. 첫째는 성기능 장애를 지닌 개인보다는 '부부'를 주요 치료 대상으로 삼는다는 점이다. 이것은 부부관계를 이해함으로써 성기능 장애의 유발 원인을 포괄적으로 파악할 수 있으며, 부부간의 협동적 노력이 치료에 필수적이라는 입장에 근거하고 있다.

둘째, 치료진도 남녀 2명의 치료자로 구성된다. 흔히 한 사람은 성치료 전문가이고, 다른 한 사람은 보조치료자의 역할을 맡게 된다. 2명의 치료자는 치료적 면담 시 부부와 함께 만나 대화를 나눌 뿐만 아니라 실제 성행위 기술을 훈련시키는 과정에도 직접 참여한다. 두 치료자는 각각 남녀의 관점에서 부부의 문제를 좀 더 잘 이해할 수 있는 동시에, 부부에게 건강한 모델의 역할을 할 수 있다.

셋째, 치료에 앞서 신체검사와 심리사회적 검사를 통해 성기능 장애의 증상과 관련된 요인을 다각도로 평가한다. 이러한 검사를 통해 성기능 장애에 관련될 수 있는 신체적 요인과 심리사회적 요인을 종합적으로 평가하여 치료에 반영할 수 있을 뿐만 아니라, 검사 결과의 해석 과정에서 성기능에 관한 신체적·심리사회적 요인을 설명해 줌으로써 치료 효과가 증진될 수 있다.

넷째, 짧은 치료기간 내에 적극적인 방법을 통해 치료한다. 보통 2주의 치료 기간 동안 매일 부부와 치료적 면담을 하는 형태를 취한다. 이처럼 단기적이고 집중적인 치료는 부부가 적극적으로 치료에 참여할 수 있도록 유도할 뿐만 아니라 치료자가 처방한 성적 과제에 대한 반응을 즉시 확인하고 논의할 수 있게 한다. 흔히 매스터스와 존슨의 성치료에서는 치료기간 동안 부부가 치료기관에서 가까운 호텔에 머물도록 함으로써 일상적인 업무나 사회적 부담감에서 해방되어 자신들의 관계에만 집중하도록 만든다.

마지막으로, 매스터스와 존슨의 성치료는 행동주의적 치료이론에 기초하고 있다. 즉, 성기능 장애와 관련된 무의식적 갈등이나 역동을 다루기보다는 성기능 문제를 개선하는 구체적인 행동방법을 제시하여 연습시키고, 이를 부부관계에서 시행하도록 지도한다.

2) 성치료의 원리

성기능 장애의 원인에 대한 매스터스와 존슨의 이론은 앞에서 자세하게 설명한 바 있다. 이들에 따르면, 성기능 장애를 지닌 사람들은 성행위 시에 성적 수행에 대한 두려움을 지니고 관찰자적 역할을 하기 때문에 성기능에 문제가 발생한다고 주장한다. 이러한 2가지 심리적 요인이 성기능 장애를 유발하는 직접적인 원인으로 작용한다는 것이다. 또한 이 2가지 요인은 악순환의 고리를 형성하여 성기능 장애를 더욱 악화시킨다. 즉, 성적 수행에 대한 두려움 때문에 관찰자적 태도를 취하고, 관찰자적 태도로 인해 성적 수행에 대한 두려움이 증폭되어 성행위에 몰입하지 못한 채 점점 더 성기능 장애가 악화되는 것이다.

따라서 매스터스와 존슨의 성치료에서는 성적 수행에 대한 두려움과 관찰자적 태도를 극복하도록 돕는 데에 일차적 초점이 맞추어진다. 즉, 성행위를 할 때 상대방을 충분히 만족시켜야 한다는 불안을 감소시키는 동시에 성행위 시에 느끼는 감각에 집중하게 함으로써 관찰자적 태도를 탈피하도록 돕는다.

치료 과정의 초기에 성치료를 받는 부부는 며칠 동안 매일 남녀 2명의 치료자를 만나 면접을 하게 된다. 남자는 남자를 가장 잘 이해할 수 있고 여자는 여자가 가장 잘 이해할 수 있다는 가정하에, 부부는 각각 남녀 치료자와 만나 성기능 문제에 관한 자세한 면담을 하게 된다. 이 기간 동안 반드시 지켜야 할 조건은 부부가 성행위를 해서는 안 된다는 점이다. 치료 초기의 처음 이틀 동안 치료자는 남편과 부인의 사회적 관계와 성에 관련된 내력을 철저하게 탐색한다. 아울러 신체검사를 통해 성기능 문제와 관련된 기질적 요인이 있는지를 조사한다.

치료 과정의 초기에 치료자는 특히 부부가 지니고 있는 성의 가치체계sexual value system를 집중적으로 탐색한다. 성의 가치체계는 부부가 배우자와의 성관계에서 받아들일 수 있는 것과 원하는 것을 의미한다. 이러한 탐색을 통해 '나는 성관계에서 이런 것은 받아들일 수 있으며, 또한 이런 것을 좋아하고 원한다'는 것을 명백하게 밝혀 내는 작업이 이루어진다.

이러한 성의 가치체계에서 부부간에 현저한 차이를 보이면 성생활이 원만해질 수 없다. 예컨대, 남편이 원하는 성행위 방식에 대해서 아내가 그것을 혐오스러워서 도저히 받아들일 수 없다고 생각한다면, 부부 모두 만족스러운 성생활을 즐길 수 없을 것이다. 또한 성기능을 향상시키는 효과적인 방법을 제시하더라도 부부 중 한 사람이 이를 수용하지 않는다면 성치료를 적용하기 어렵게 된다. 따라서 부부의 성가치체계를 밝혀 내서 이를 변화시키는 작업이 이루어진다.

치료 초기에 성가치체계에 있어서 부부간의 차이를 함께 논의하여 조정하고 변화시키는 작업을 통해서 부부는 상대방이 어떤 것을 원하고 어떤 것을 싫어하는지를 분명하게 알게된다. 또한 조정 과정을 통해서 일치된 성가치체계를 지닐 수 있게 되어 성적 수행에 대한 과도한 부담과 불안감이 완화될수 있다.

치료 3일째에 치료자는 그동안 이루어진 면접 내용과 검사자료에 근거하여 부부에게 성적 문제가 발생하고 지속된 원인을 설명해 준다. 특히 이 과정에서는 부부 중 한 사람이 지닌 특정한 문제보다는 두 사람의 관계에서 나타나는 문제에 초점을 두어 설명한다. 또한 부부가 어떤 성적 문제를 지니고 있든지 그 문제에 대해 부부 두 사람 모두에게 책임이 있다는 점을 주지시킨다.

아울러 이때 치료자는 부부에게 '관찰자적 태도'에 대해서 설명해 주고 이러한 태도가 성기능을 억제한다는 점을 알려 준다. 예컨대, 발기 문제를 갖고 있는 남편의 경우 성행위 시에 잘 발기할까 하는 걱정 때문에 성행위에 몰두하지 못하고 자신의 신체반응을 관찰하게 되는데, 이러한 관찰자적 태도가 자연스러운 성적 반응을 방해하고 성행위의 즐거움을 차단한다는 점을 지적해 준다.

또한 '감각집중법sensate focus'이라는 중요한 과제를 제시한다. 감각집중법은 성반응의 각 단계에서 체험되는 신체적 감각에 주의를 집중하여 충분히 느낌으로써 성적 쾌감을 증진하고 성행위에 몰입하도록 하는 방법이다. 이 방법은 매스터스와 존슨의 성치료에서 핵심적인 치료법으로서 쾌감 단계, 성기자극 단계, 비요구적 성교 단계로 나누어 실시된다.

3) 감각집중법

(1) 1단계: 쾌감 단계

감각집중법의 첫번째 단계에서는 부부가 서로의 몸을 애무하며 신체적 감각과 쾌감에 주의를 집중하게 하여 성적 흥분을 충분히 체험할 수 있도록 돕는다.

이 단계에서 치료자는 우선 부부가 서로에게 따뜻하고 애정 어린 감정을 느끼는 자연스러운 기회를 찾도록 한다. 이러한 기회를 갖게 되었을 때, 치료자는 부부가 옷을 벗고 상대방의 몸을 쓰다듬으면서 상대방이 쾌감을 느끼게 해 주는 애무를 하도록 지시한다. 이때 부부 중 한 사람이 상대방에게 애무를 해 주고, 상대방은 성적인 흥분을 느껴야 한다는 부담 없이 자연스럽게 애무에 따른 감각에 집중한다. 상대방의 기분에 신경을 쓰지 않고 단지 자신의 감각적 경험에만 주의를 집중하는 것이 중요하다. 또한 상대방의 느낌이나 바람에 대해서 신경 쓰지 않는 것을 미안하게 느낄 필요가 없다는 것을 알려 준다. 뿐만 아니라 애무를 받으면서 불편감을 느끼거나 주의를 집중할 수 없을 때는 즉시 배우자에게 말하도록 한다. 이러한 성적 자극행위를 부부가 서로 역할을 바꾸어 가면서 반복하게 한다.

이 단계에서 중요한 점은 부부가 상대방의 유방과 성기 부위를 제외한 다른 신체 부위만을 애무하도록 하는 것이다. 이러한 훈련의 목적은 성적 반응을 유도하는 것이 아니라 촉감에 주의를 집중하고 부드러움, 따뜻함, 간지러움 등 다양한 촉감을 느낄 수 있도록 학습하며 배우자로부터 애무와 사랑을 받고 있다는 느낌을 가질 수 있게 하는 것이다. 따라서 이 단계에서의 애무는 배우자를 성적으로 흥분시키는 것이 아니어야 한다.

이러한 훈련을 여러 번 반복하면 부부의 반응도 달라져 성행위에 대한 불안감이 감소하고 마음의 여유를 찾게 된다. 아울러 상대방을 즐겁게 해 주어야 하고 또한 즐거움을 느껴야 한다는 부담감에서 벗어나게 되며, 자신의 느낌과 생각을 표현하더라도 상대방에게 거부당하지 않는다는 것을 알게 된다. 또한 편안한 마음 상태에서 신체적 감각에 집중함으로써 진정한 성적 감각을 체험하게 된다. 성적인 쾌감을 느끼는 것은 상대방의 행위보다 그것을 느낄 수 있는 자신의 태도에 달려 있다는 것을 발견하게 된다. 이러한 훈련을 통해서 불감증이었던 여성이 성적 쾌감과 흥분을 다시 체험하게 되는 경우도 있다.

이처럼 감각집중법은 신체적 자극에 집중하여 성적 감각을 체험하게 하는 효과뿐만 아니라 성적 수행에 대한 불안감과 부담감을 감소시키는 효과도 지니고 있다. 또한 대부분의 부부가 그러하듯이 허둥지둥 서둘러 성관계를 맺는 것을 막기 위한 치료적 의도를 지니고 있다. 이러한 훈련을 통해서 서먹했던 부부 사이에 성적 친밀감이 서서히 재형성되는 계기가 될 수도 있다.

(2) 2단계: 성기자극 단계

감각집중법의 두 번째 단계는 성기자극 단계다. 이 단계에서는 부부가 한 사람씩 손으로 상대방의 성기(음경, 유방, 질, 음핵)를 자극하며 애무해 주도록 한다. 치료자는 부부에게 상대방의 성기 부위를 효과적으로 자극하고 애무하는 여러 가지 방법을 알려 준다. 이 과정에서 성기 구조에 무지한 부부에게는 치료자가 남녀의 성기나 성감대에 대한 해부학적 구조를 제시하면서 구체적인 애무 방법을 설명해 줄 수 있다.

이때 애무를 받는 사람은 상대방의 애무에 대한 자신의 신체적 흥분에 최대한 주의를 집중하게 한다. 아울러 애무를 받는 사람은 상대방의 애무가 자신에게 즐거운 느낌을 주는지 또는 불쾌한 느낌을 주는지를 알려 주기 위해 상대방의 손을 잡고 누르는 강도나 빈도를 조절해 주도록 한다. 또는 상대방에게 말이나 비언어적 방법으로 원하는 애무의 방향이나 속도를 전달해 줄 수 있다.

이 단계에서 성기 부위를 가볍게 쓰다듬고 만지면서 부드

럽게 애무하는 것은 권장되지만, 상대방이 절정감을 느끼도록
강한 애무를 하거나 성교를 하는 것은 금지된다. 이러한 과정
을 부부가 서로 역할을 바꾸어 가며 반복하게 한다. 이렇게 교
대로 진행하는 성기자극 훈련이 원활하게 이루어지면 부부가
서로에게 동시에 애무를 주고받는 방법을 취하도록 한다.

　이러한 훈련은 조루증을 지닌 남성이 사정을 조절하는 능
력을 키우는 데 도움이 될 수 있다. 매스터스와 존슨은 특히
조루증 치료를 위해서 스퀴즈 기법squeeze technique을 개발했다.
스퀴즈 기법은 자신이나 성적 파트너에 의한 성적 자극을 통
해 음경을 발기시킨 후 사정 직전에 이르렀을 때 자극을 멈추
고 귀두 부위를 손으로 조여 사정을 하지 않도록 하는 훈련을
반복하는 것이다. 이 방법을 통해서 남성은 사정을 하게 하는
음경의 흥분 정도를 잘 자각하게 됨으로써 사정을 조절하고
지연할 수 있는 능력을 키우게 된다.

　성기자극 단계에서는 부부가 서로 편안함을 느끼는 상태에
서 부담 없이 애무를 주고받으며 자신의 성적 흥분을 체험하
도록 하는 것이 중요하다. 특히 애무를 받는 사람은 자신의 신
체적 흥분반응에 최대로 주의를 집중하도록 해야 한다. 이때
특별한 성적 흥분반응을 기대하거나, 억지로 성적 흥분을 하
여 절정감을 느끼려고 애쓰면 안 된다. 이러한 훈련을 통해서
부부는 각자 자신의 성적 흥분반응을 잘 알고 충분히 체험할

수 있을 뿐만 아니라 상대방을 성적으로 흥분시키기 위해서 어떻게 애무해야 되는지를 알게 된다. 또한 이러한 훈련은 성행위에 몰두하지 못하고 자신의 성행위나 반응을 지켜보는 관찰자적 태도를 극복하게 하는 치료적 의도를 지니고 있다.

(3) 3단계: 비요구적 성교 단계

성기자극 단계에서 부부가 상대방의 성기 애무에 대해서 성적 쾌감과 흥분을 느낄 수 있게 되면 성기를 삽입하는 성교 훈련 단계로 넘어간다. 이제 남편은 아내의 질에 성기를 삽입하고 움직이고 부부 각자 자신의 감각을 집중하여 느껴 본다. 특히 이 단계는 자신이나 상대방이 절정감을 느껴야 한다는 부담감 없이 편안한 상태에서 성교를 한다는 점에서 비요구적 성교 단계라고 한다.

이 단계의 초기에는 아내가 남편의 몸 위에 앉는 체위를 취하고 남편의 성기를 아내의 성기 부위에 대고 부드럽게 문지르는 접촉을 한다. 이때 남편의 음경이 발기되었든 그렇지 않든 간에 부부는 서로 성기를 접촉하고 감각을 느껴본다. 이 단계에서는 남편이 발기하게 되더라도 성기 삽입은 하지 않은 채로 이전 단계에서 했던 것처럼 단지 성기 이외의 부위를 애무하거나 포옹하는 것으로 전환한다.

이러한 성기접촉 훈련을 통해 부부가 서로 충분한 성적 흥분을 느낄 수 있게 되면 성기를 삽입하여 성교 행위를 한다. 아내가 남편의 몸 위에 앉는 자세에서 아내는 남편의 음경이 자신의 질 속에 부드럽게 삽입되도록 한다. 이때 부부는 성기가 삽입되는 느낌에 집중해야 한다. 쾌감을 느끼게 될 때 남편은 서서히 성기의 왕복운동을 해도 좋고 아내는 골반 부위를 천천히 움직여도 좋다. 이때 부부는 상대방의 움직임에 대해서 서로 지시를 할 수 있다. 예컨대, 아내의 움직임이 강하여 남편이 사정감을 느끼게 되면 움직임을 중단하도록 요청할 수 있으며, 아내는 남편에게 자신의 성적 쾌감을 높여 주는 특정한 움직임을 요청할 수 있다.

이때 중요한 점은 부부가 성교를 하면서 상대방이 절정감을 느끼도록 해야 한다는 부담을 갖지 않는 것이다. 많은 경우, 성행위 시에 상대방을 절정감에 이르게 하겠다는 의식적 노력을 하지 않아도 상대방이 자연스럽게 절정감을 경험하게 된다. 이 단계의 주요한 목적은 부부가 상대방을 만족시켜야 한다는 긴장감에서 벗어나 자신의 성적 감각에 집중하게 될 때 진정으로 만족스러운 성경험을 할 수 있다는 것을 학습하게 하는 것이다.

이런 편안한 심리 상태에서 성기 삽입을 통한 성교 행위를 계속하면서 각자의 느낌에 집중한다. 남편은 가능하면 사정을 자제하며 좀 더 오랫동안 성행위를 하도록 노력한다. 사정감을 느끼게 되면 움직임을 중단하거나 잠시 성기를 아내의 질 밖으로 빼낼 수도 있다. 아내 역시 남편이 빨리 사정하려고 하면 움직임을 자제하도록 요청할 수 있다. 이렇게 부부가 성기를 삽입한 채로 수분 이상 성교 행위를 하며 자신의 느낌에 집중할 수 있게 되면 성관계에서 새로운 변화가 일어나게 된다. 부부는 상대방을 만족시켜 주어야 한다는 부담감에서 벗어나 자신의 성적 쾌감과 흥분에 집중함으로써 성행위에 대한 새로운 여유와 즐거움을 느낄 수 있게 된다. 이런 상태에서 진정한 성적 만족감과 절정감을 맛보게 되는 것이다.

지금까지 소개한 3단계의 감각집중법은 성반응 주기의 각 단계 즉, 성욕구를 느끼고 성적으로 흥분하며 절정감에 도달하는 과정이 원활하게 진행되는 것을 돕는다. 매스터스와 존슨은 3단계의 훈련을 통해서 대부분의 성기능 장애가 호전될 수 있다고 주장한다.

그러나 성기능 문제가 오랫동안 지속되었거나 심각한 경우에는 이러한 치료 절차를 신중하게 적용해야 한다. 치료자는 성기능 문제를 지닌 부부들이 성에 대해서 마음 편하게 논의하고 훈련에 임할 수 있도록 유도해야 한다. 어떤 부부는 성치료를 받으면서 처음으로 부부간의 성관계에 대한 대화를 시작하기도 하고 치료자가 제시한 훈련 방법에 대해서 매우 어색해하기도 한다. 따라서 치료자는 부부가 자연스럽게 성문제를 논의할 수 있도록 편안하고 개방적인 분위기를 조성해야 하며 이러한 분위기가 부부의 침실로 이어질 수 있도록 도와주어야 한다.

매스터스와 존슨이 제시한 이러한 성치료 방법은 몇 가지 점에서 획기적이다. 첫째, 성기능 장애를 지닌 사람들로 하여금 성행위와 관련된 실제적 훈련을 하게 한다는 점에서 매우 적극적이고 직접적인 방법이다. 치료자의 체계적인 지도에 따라 부부가 직접 성행위를 시도하는 성치료에서는 치료실에서 부부의 성문제를 개선할 수 있는 구체적인 훈련 방법을 실제 성행위를 통해 연습하기도 한다.

둘째, 매스터스와 존슨의 성치료에서는 부부를 치료 단위로 하며 남녀 2명의 치료자가 함께 치료한다. 성기능 문제는 한 개인의 문제라기보다는 부부간의 상호 작용에 의해 유발되는 경우가 많기 때문이다. 뿐만 아니라, 부부가 함께 치료에 참여함으로써 직접 성행위를 통한 훈련이 이루어질 수 있다. 2명의 치료자 역시 각각 남녀의 입장에서 남편과 아내의 성문제를 이해하고 구체적인 훈련 방법을 지도할 수 있다.

마지막으로, 매스터스와 존슨은 성기능 장애를 치료함에 있어서 성행위 시에 관여되는 즉시적 요인에 초점을 맞추고 있다. 즉, 부부가 지니고 있는 과거의 역사적 원인이나 성격적 문제를 다루기보다는, 성행위 시에 나타나는 두려움이나 관찰자적 태도를 개선하게 하고 직접적인 성행위 훈련을 통해 만족스런 성생활을 할 수 있도록 돕는다. ◆

2. 행동주의적 성치료

행동주의적 관점을 지닌 심리학자들은 인간의 모든 행동이 학습의 결과로 나타난 것이라고 본다. 성기능 장애 역시 잘못된 학습과 왜곡된 과거 경험으로 인해 발생한다고 본다. 이런 점에서 개인의 과거 성경험이 중시된다. 예컨대, 남성의 발기 불능은 첫 성경험에서 비롯되는 경우가 많다. 처음 성행위를 할 때 심한 불안을 느끼거나 심리적 충격을 경험하게 되면 성행위와 심리적 불안이 짝지어지는 조건형성이 이루어질 수 있다. 따라서 다음 성행위 시에 자신도 모르게 두려움과 긴장감을 느껴 발기에 어려움을 겪을 수 있다.

이러한 경험이 반복되면 성관계를 회피하게 되는데, 이러한 회피행동은 성행위 시의 불안감이나 발기 실패로 인한 좌절감을 느끼지 않게 하는 강화 효과를 지니기 때문에 지속될 수 있다. 이렇게 회피행동이 계속되면 성행위가 두려운 것이 아니라는 것을 학습하고 성행위에 대한 불안감을 극복할 기회를 갖지 못한다. 따라서 성에 대한 불안이 지속되고, 혹 성관계를 맺게 될 때 발기 실패를 경험하며, 그 결과 회피행동이 강화되는 악순환에 빠진다.

물론 모든 성기능 장애 환자들이 과거에 충격적인 성경험을 지니고 있다고 할 수는 없지만 대부분의 성기능 장애는 과거의 불쾌하고 충격적인 성경험과 관련되어 있는 경우가 많다. 예컨대, 발기불능이나 조루증이 있는 사람 중에는 과거에 매춘부와 불쾌한 성경험을 했거나 애인과 급하게 성교를 해야 했던 경험을 지닌 사람이 많다. 좀 더 극단적인 경우는 어린 시절에 성폭행, 강간, 충격적인 성적 장면을 목격한 것과 같이 공포스럽고 혐오스런 성경험을 한 경우다.

이처럼 다양한 성경험을 통해 성행위와 불안감예: 두려움, 공포, 혐오감, 수치감, 굴욕감 등이 조건형성을 통해 짝지어져 원활한 성기능을 방해하게 된다는 행동주의적 설명은 상당히 설득력을 지니고 있다. 따라서 행동주의적 성치료자들은 성행위와 조건형성되어 있는 불안을 성기능 장애의 주요한 원인으로 보고 이러한 불안을 제거하는 데에 초점을 맞춘다. 이들의 관점에서 보면, 매스터스와 존슨의 성치료 방법도 결국은 성행위 시의 불안을 점진적으로 완화시키는 방법이라고 할 수 있다.

매스터스와 존슨의 성치료법은 이후에 여러 행동치료자에

의해서 수정되고 변형되었다. 네메츠Nemetz 등은 1978년에 불안을 감소시키는 행동치료적 방법으로 사용되는 이완 훈련, 모델링, 심상 훈련 등을 성기능 장애자에게 적용하여 성공적인 치료 성과를 거두었다고 보고하고 있다. 이들은 치료에서 환자들에게 긴장을 이완한 편안한 상태에서 성행위 과정을 담은 필름을 보게 하였고, 아울러 자신과 성 파트너를 떠올리고 성행위하는 장면을 상상하게 하였다. 나아가서 성행위 과정이 단계적으로 묘사된 필름을 보여 주고 이와 같은 방법으로 성행위를 시도해 보는 과제를 내 주어 집에서 훈련을 하도록 했다. 그 결과, 이들은 성기능 문제가 현저하게 호전되었고 불안감이 감소하였을 뿐만 아니라 성행위 시의 자기표현도 증가하였다. 이처럼 행동치료적 방법을 적용하여 성기능 장애를 치료하는 노력이 꾸준히 발전되어 오고 있다.

그러면 성기능 장애를 치료하는 주요한 행동치료적 방법을 살펴보기로 한다.

1) 체계적 둔감법

성행위 시 느끼는 불안과 긴장을 감소시키는 대표적인 행동치료는 체계적 둔감법이다. 체계적 둔감법systematic desensitization은 심리적으로 편안한 상태에서 불안을 느끼는 상황으로 점진적으로 노출시킴으로써 불안을 극복하게 하는 방법이다. 구체적 절차는 다음과 같다.

먼저, 환자가 불안을 느끼는 성적인 상황들에 대한 목록을 만든다. 환자들은 다양한 성적 자극과 상황에 대해서 불안을 느끼는 정도가 다르다. 불안유발 상황에 대한 목록이 작성되면 각 상황에서 느끼는 불안의 정도를 평가하도록 한다. 이러한 평가에 따라서, 불안을 가장 적게 느끼는 상황에서부터 가장 심한 불안을 느끼는 상황에 이르기까지 불안유발 상황을 위계적으로 배열한 목록을 구성한다.

두 번째 단계에서는 긴장이완 훈련을 실시한다. 환자는 침대에 가장 편안한 자세로 누워 눈을 감은 채로 깊게 심호흡을 하면서 마음속으로 자신이 가장 편안하게 느꼈던 상황을 상상한다. 아울러 신체의 모든 근육을 최대한 이완시켜 긴장을 풀도록 한다. 긴장이 이완되면 마음속으로 머리끝에서 발끝까지 더듬어 보면서 자신의 몸 구석구석마다 이완 상태를 확인하고 느껴보게 한다. 이러한 훈련을 반복하여 스스로 충분히 긴장을 이완하고 편안한 심리 상태를 느끼게 되면 마지막 단계로 접어들게 된다.

마지막 단계는 긴장이 이완된 상태에서 환자를 서서히 불안유발 상황에 노출시킨다. 첫 단계에서 구성된 불안유발 상황목록의 위계에 따라 가장 불안을 적게 느끼는 상황부터 서서히 노출시키는 것이다. 이때 치료자는 환자로 하여금 불안 유발 상황을 상상하게 하거나 실제 상황에 직면하게 할 수 있다. 환자는 이러한 불안유발 상황에 노출되었을 때 불안이 상승하면 이를 치료자에게 알리도록 한다. 환자가 낮은 불안 유발 상황에 대해서 그다지 불안해하지 않고 긴장이완 상태를 유지하게 되면 치료자는 점차로 강한 불안유발 상황을 제시한다. 만약 환자가 불안을 느끼면 다시 긴장이완 훈련을 하고 다시 성적 자극 상황을 제시한다. 이러한 훈련을 계속하면 환자는 과거에 강한 불안을 느꼈던 성적 상황에 대해서 점차로 불안을 견뎌 내고 긴장이완 상태를 유지할 수 있는 능력이 증가한다.

이 방법의 기본 원리는 '성적 상황-불안 및 긴장'의 연합을 '성적 상황-편안감 및 긴장이완'의 연합으로 점진적인 변화를 유도하는 것이다. 체계적 둔감법을 통해 과거에 불안을 느꼈던 성적 상황에 대해서 편안감을 느낄 수 있게 되면 성기능도 개선된다. 이러한 훈련과 함께 성적 쾌감을 증가시키는 성행위 기술을 함께 훈련시키면 효과가 더욱 증대될 것이다.

2) 모델링

성기능 장애의 치료를 위해 흔히 적용되는 또 다른 행동치료 방법은 모델링이다. 모델링modeling은 특정한 상황에서 다른 사람이 행동하는 방식을 보고 따라하는 방법으로 관찰학습이라고 부르기도 한다. 다른 사람의 행동을 보고 모방하면서 여러 가지 행동을 학습하듯이, 성행위 과정에서 불안을 느끼지 않고 적절하게 행동하는 사람을 관찰하면서 불안을 극복하고 효과적인 성행위 방식을 학습할 수 있다. 이 방법은 체계적 둔감법과 함께 실시할 수도 있고 단독으로 적용할 수도 있다. 전형적인 모델링 기법은 다음과 같다.

우선, 치료자는 원활하게 성행위를 하는 장면을 담은 다양한 비디오나 사진을 구비하고 있어야 한다. 이러한 비디오에는 불안을 느끼지 않고 편안하게 성행위를 수행하는 사람의 모습이 담겨 있다. 성기능 장애 환자에게 이러한 비디오를 보여 주며 유심히 관찰하게 한 후, 실제 성행위 시에 이를 모방하여 행동하도록 한다. 그런 다음 실제 성행위에서 나타난 성과를 검토하고 어려움이 느껴졌던 상황을 치료자와 함께 검토한다. 그런 다음 환자가 어려움을 겪은 상황이 비디오 장면에서는 어떻게 효과적으로 진행되는지를 다시금 관찰하고 확인하여, 이러한 관찰 내용을 지침으로 삼아 실제 성행위 시에 적용해 보도록 한다. 이처럼 다른 사람의 성행동을 관찰하여 자신의 성생활에 적용하고 그 성과를 치료자와 함께 논의하는 과정을 통해, 환자는 성행위 시의 불안을 감소시키고 좀 더 효과적인 성행위를 할 수 있다.

이러한 모델링 기법이 성기능 문제를 개선하는 데에 효과적이었다는 연구 보고들이 있다. 특히 모델링 기법을 다른 행동치료 기법과 함께 적용하면 그 효과가 더욱 커질 수 있다.

3) 자위행위 훈련

성에 대한 혐오감이나 수치심을 지니고 있는 사람에게 흔히 적용하는 행동치료적 방법으로 자위행위 훈련이 있다. 자위행위 훈련은 스스로 자신의 몸이나 성기를 자극함으로써 성적 흥분을 체험하고 성행위에 대한 부정적 감정불안, 공포감, 수치심, 죄책감 등을 감소시키기 위한 것이다. 특히 이 훈련은 상대방 없이 혼자 시행할 수 있기 때문에 상대방에 대한 부담감이나 불안감 없이 자신의 성적 반응을 체험하고 성적 흥분에 익숙해질 수 있다.

치료자는 우선 환자에게 자위행위가 이상한 사람들이 몰래 하는 비정상적인 행동이 아니라 누구나 할 수 있는 정상적인 성적 행동이라는 점을 이해시키고 설득한다. 아울러 여성의 질과 유방 등의 성기 부위에 대한 해부학적 구조와 성감대에 대한 올바른 정보를 알려 준다. 이러한 준비 과정을 거친 후에 성적 쾌감과 절정감을 경험할 수 있는 효과적인 자위 방

자위행위에 대한 올바른 인식

자위는 스스로 자신의 성기를 자극하여 성적 흥분과 절정감을 경험하는 성행위의 한 방법으로, 성욕을 해소하는 주요한 성행위 방식의 하나다. 자위는 수음(手淫)이라고 부르기도 하며 순수한 우리말로는 '용두질'이라는 표현을 쓰기도 한다. 영어로는 흔히 마스터베이션masturbation 또는 오나니즘onanism이라고 한다. 오나니즘이라는 용어는 어원적으로 구약성서 창세기에 나오는 유다의 아들인 오난의 이름에서 유래된 것으로, 자위행위보다는 질외사정 피임법을 일컫는다.

자위행위는 흔히 14세 전후에 시작되며, 특히 미혼 남녀에게는 주된 성욕 해소 방법이다. 한 조사 자료에 의하면, 한국 현역 사병의 경우 98%가 자위행위를 하고 있다고 응답하였다. 외국 자료에서도 60~85%가 자위행위를 하는 것으로 나타나고 있다. 뿐만 아니라 기혼자들도 상당수가 자위행위를 한다는 조사 자료도 있다.

자위행위는 미혼자에게 있어서 가장 건전하고 안전하며 가장 흔하게 사용되는 성욕 해소 방법이지만, 일부 사람은 자위행위에 대해서 수치심과 죄의식을 지니고 있거나 자위행위의 부작용을 우려하는 경우가 있다. 예컨대, 자위는 일종의 변태적인 행위이며 자위행위를 많이 하면 성호르몬이 빠져나가 머리가 나빠지거나 키가 크지 않는다는 잘못된 생각을 지닌 사람들이 있다.

성치료 전문가들에 따르면, 자위행위의 유일한 부작용은 죄책감이라고 한다. 여기에는 성행위를 생식의 목적으로만 인식하려는 종교적 편견의 영향이 크다. 그러나 자위는 건강이 상할 정도로 과도하게 탐닉하지만 않는다면 오히려 유용하다.
성치료자들은 성욕을 배출할 통로가 제한되어 있는 젊은이들
에게 자위행위를 하는 방법을 가르쳐야 한다고 주장한다. 성
병에 전염될 수 있는 매춘부와의 성행위나 미혼 남녀의 무책
임하고 부적절한 성행위보다는 자위가 훨씬 건강한 성욕 해소
방법이라는 것이다. 심지어 기혼자의 경우에도 부부관계에서
오르가슴을 경험하는 경우가 절반에 불과하기 때문에 자위행
위를 통해 해소되지 못한 성욕을 배출하도록 권장하는 성치료
자도 있다.

법을 가르치고, 환자가 스스로 자신의 성기를 자극하여 성적
흥분을 느껴보도록 격려한다. 이러한 과정에서 자신이 가장
성적 쾌감을 많이 느끼는 신체 부위가 어디이며 절정감을 느
낄 수 있는 효과적인 자위 방법이 어떤 것인지를 잘 살펴보도
록 한다.

이러한 훈련 과정에서 도움이 될 수 있는 책자나 비디오를
제공할 수도 있다. 예컨대, 자위행위에 대한 비디오 자료나 스
스로 성기능 장애를 극복하도록 도와주는 서적 등을 권할 수
있다. 또한 자위행위를 위한 보조도구를 활용하게 할 수 있다.

자위행위 훈련의 주요한 치료적 의도는 환자로 하여금 성
욕을 느끼고 성적 흥분과 절정감을 추구하는 것이 자연스러운
것이라는 점을 주지시킴으로써 성적 억제를 완화시키는 것이

다. 뿐만 아니라 자신의 성적 흥분과 절정감에 대한 예민성을 키울 수 있다. 이러한 훈련은 절정감을 느끼지 못하는 여성에 게 특히 효과적인 것으로 알려져 있다. ◆

3. 캐플런의 성치료

성기능 장애는 흔히 다양한 원인에 의해서 유발된다. 따라서 성기능 장애의 치료도 다각적으로 접근하면 더욱 효과적일 수 있다. 앞에서 소개한 매스터스와 존슨의 성치료나 행동주의적 성치료는 상당한 성과를 거두었지만, 무의식적인 심리적 갈등이 깊이 관련되어 있는 경우에는 효과를 거두기가 어렵다. 이러한 관점에서 전통적인 성치료 기법과 정신역동적 치료를 혼합하여 새로운 성치료법을 주장한 사람이 캐플런이다.

1) 불안과 성기능 장애

캐플런은 성기능 장애가 기본적으로 불안에 의해 야기된다고 본다. 그러나 이러한 불안은 심한 정도가 다를 뿐만 아니라 다양한 근원으로부터 발생한다. 성기능 문제를 유발하는 불안은 유아기에 생긴 뿌리 깊은 무의식적인 갈등에서 생길 수도 있고, 최근에 경험한 성행위에서 느낀 불안일 수도 있다. 캐플런은 불안의 강도와 종류에 따라서 성반응 단계에 미치는 영향이 달라지고 결과적으로 성기능 장애의 유형도 달라진다고 하였다.

캐플런은 인간의 성반응 주기를 크게 성욕구 단계, 성적 흥분 단계, 절정감 단계로 나누고, 각 단계의 성기능 장애는 불안수준과 밀접한 관련이 있다고 주장한다. 불안수준이 깊고 강할수록 성반응 주기의 초기 단계에서 문제가 생긴다는 것이다. 즉, 성욕구 단계에 문제가 있는 경우에는 매우 심각하고 강렬한 불안이 관련되어 있으며, 이 때문에 성적인 쾌감이 생겨나기 시작하는 초기 단계에서부터 불안을 느끼고 성적 쾌감을 억압하게 되는 것이다.

성적 흥분 단계에서의 문제는 중간 수준의 불안이 관여된다. 따라서 이 단계에 문제를 지닌 사람은 육체적으로 이미 상당히 흥분된 상태에서 불안을 체험하고 더 이상의 흥분을 억압한다. 마지막 절정감 단계에서의 문제는 경미한 수준의 불안이 관여되며, 극치감을 느끼기 직전 상태에서 불안을 느끼고 절정감 체험을 억압하게 된다.

2) 캐플런 성치료의 특성

캐플런의 성치료는 몇 가지 독특한 특성을 지니고 있다.

첫째, 1명의 치료자가 부부를 대상으로 치료한다. 부부를 치료 대상으로 한다는 점은 매스터스와 존슨의 성치료와 같지만, 1명의 치료자가 치료한다는 점은 다르다. 캐플런에 따르면, 1명의 치료자만으로도 2명으로 구성된 치료팀만큼 치료 효과를 거둘 수 있으며, 따라서 치료비가 경감될 수 있다.

둘째, 2주간 매일 집중적인 치료가 이루어지는 매스터스와 존슨의 방식과 달리, 캐플런의 성치료는 치료자가 환자와 매주 1~2회 정도 만나 치료하며, 치료기간에 제한이 없으므로 좀 더 장기적이고 융통성 있게 환자의 성기능 문제를 살펴보고 개선을 도울 수 있다.

또한 캐플런의 성치료는 환자 개개인의 성기능 문제에 따라 각기 다른 방법을 적용한다. 모든 환자에게 신체검사를 실시했던 매스터스와 존슨과는 달리 신체검사가 필요하다고 판단된 부부에게만 검사를 실시한다. 치료 방법에 있어서도 모든 환자에게 동일한 치료 프로그램을 적용하기보다는 환자 개개인의 특정한 성기능 문제에 따라 필요한 과제만을 제시한다. 또한 성적 과제를 수행하는 대상이나 장소를 제한하지 않고 있다.

3) 성기능 장애의 종류에 따른 치료 전략

캐플런은 성기능 장애의 종류마다 관여되는 병리적 요인이 다르기 때문에 각 유형에 따라 적용하는 치료 방법이 달라져야 한다고 주장한다. 따라서 캐플런은 성치료에 있어서 성기능 장애의 종류에 따라 다음과 같이 독특한 치료 전략을 제시하고 있다.

(1) 조루증의 치료

조루증의 치료 목표는 환자가 사정을 조절하여 원하는 시기에 사정할 수 있도록 도와주는 것이다. 환자가 사정을 조절하기 위해서는 사정이 이루어지는 절정감 직전의 강한 성적 흥분과 성기의 감각을 자각할 수 있어야 한다. 아울러 사정을 지연할 수 있는 기술과 인내력을 함양해야 한다.

캐플런은 사정조절 능력을 증진하기 위한 방법으로 스탑-스타트 기법을 제시하고 있다. 스탑-스타트 기법stop-start technique은 스퀴즈 기법처럼 음경을 자극하여 발기시킨 후 사정 직전에 자극을 멈추고 사정을 억제하도록 하는 방법이다. 스퀴즈 기법에서는 사정 직전에 귀두를 손으로 조여 주는 반면, 스탑-스타트 기법에서는 사정 직전에 그냥 자극을 중지했다가 다시 자극하는 것을 반복한다. 이를 위해서는 사정 직전에 느껴지는 성적 흥분과 성기의 감각에 주의를 집중하여 이를 포착할 수 있어야 한다. 구체적인 방법과 절차는 다음과 같다.

우선, 여성 파트너또는 아내는 남성이 절정감 상태에 도달할 수 있도록 음경을 손으로 자극한다. 남성은 절정감 상태에 가까이 도달하여 사정하기 직전에 여성에게 자극을 멈추도록 말한다. 자극이 멈추어진 상태에서 남성은 사정감이 약화되는 것을 느껴본 후에 여성에게 다시 음경을 자극하게 한다. 이러한 과정을 여러 번 반복한다. 일반적으로 남성은 네 번째의 자극에서 절정감을 경험하고 사정하는 것이 허용된다.

다음에는 윤활제를 사용하여 여성이 남성의 음경을 자극한다. 앞 단계와 마찬가지로 사정 직전에 자극을 멈추고 다시 자극을 가하는 과정을 반복한다. 윤활제는 여성의 질 내부에서 남성의 음경에 느껴지는 유사한 감각을 경험하게 해 주는 효과를 지니고 있다.

세 번째 단계에서는 여성이 남성의 몸 위에 올라앉는 여성 상위 체위에서 발기한 음경을 질 내에 삽입한 상태로 스탑-스타트 방법을 반복한다. 이때 남성은 손을 여성의 엉덩이에 대고 여성의 움직임을 인도한다. 여성은 음경이 삽입된 상태에서 상하운동을 반복하고, 남성은 절정 단계에 접근했을 때 여성이 움직임을 멈추도록 신호를 해 준다. 남성의 사정감이 약화되면 여성은 다시 움직임을 시작한다. 남성은 세 번째 자극에서 사정하는 것이 허용된다. 이러한 훈련에서 남성은 처음에는 스스로 자신의 성기를 여성의 질에 삽입하는 것이 허용되지 않지만, 어느 정도 사정조절 능력이 향상된 후에는 스스로 음경을 삽입하도록 허용된다.

네 번째 단계에서는 체위를 바꾸어 남녀가 서로 마주 보는 자세로 누운 상태에서 스탑-스타트 방법을 훈련한다. 다음에는 남성이 여성의 몸 위에 올라가는 남성상위 체위에서 훈련을 반복한다. 이 경우에는 남성은 사정 직전에 스스로 움직임을 중지하여 사정을 조절한다.

마지막으로, 이렇게 다양한 체위에서 사정 직전에 자극을 중지하여 남성이 사정조절 방법을 익히게 되면, 다소 변형된 스탑-스타트 방법을 적용한다. 변형된 방법은 높은 흥분 상태에서 자극을 완전히 정지시키지 않고 자극을 약화시키되, 서서히 약한 자극을 계속 주는 방법이다. 이 경우에 남성은 흥분이 높아지면 움직임을 약화시키되 계속 느린 움직임을 지속하여 사정을 조절한다.

이런 방법을 통해 사정 직전의 성기 감각을 체득하여 움직임을 조절함으로써 사정을 지연할 수 있는 능력을 높일 수 있다. 특히 마지막 단계에서의 훈련이 익숙해지면, 남성은 성기를 삽입한 상태에서 지속적인 움직임을 통해 여성에게 성적 자극을 주되 자신의 움직임을 조절하여 원하는 시기까지 사정을 조절할 수 있게 된다. 이러한 훈련을 통해서 남성은 여성이 절정감에 이를 때까지 사정을 조절하는 능력을 획득하여 조루증이 극복되는 것이다.

(2) 지루증의 치료

성행위 과정에서 가장 강한 성적 쾌감을 느끼는 절정감 단계를 경험하지 못하는 것은 매우 좌절스러운 일이다. 이러한 절정감 장애는 남성의 경우 성적 흥분이 충분히 고양되지 않아 사정에 어려움을 겪는 지루증으로 나타나게 된다. 지루증의 주요한 심리적 원인은 절정감 직전에 자신의 상태를 강박적으로 관찰하거나 강한 성적 흥분을 두려워하는 경향 때문이다. 따라서 치료 목표는 이러한 경향을 수정하는 것이며, 이를 위해서는 환자가 심리적으로 안정된 상태에서 음경에 충분한 자극을 받을 수 있는 상황을 구성하는 것이 필요하다. 아울러 강박적인 자기관찰을 하지 않도록 다양한 방법으로 주의를 전환시켜야 한다.

지루증의 일차적 치료 목표는 환자로 하여금 혼자서 성적 극치감을 경험하도록 만드는 일이다. 이를 위해서 환자 스스로 자신의 음경을 자극하는 자위행위 훈련을 하게 한다. 처음에는 손으로 자극하지만, 불충분할 경우에는 자극의 강도를 높이기 위해 윤활제를 사용할 수 있다. 이때 성기를 자극하면서 가장 좋아하는 성적 공상을 하거나, 에로틱한 내용의 소설을 읽거나, 성적인 그림이나 사진을 보게 하여 상상을 통해 주의를 전환하게 한다. 혼자서 하는 자위행위는 상대방과의 성행위보다 불안을 적게 느끼게 하기 때문에 자위행위에 대해 깊은 거부감이나 혐오감만 없다면 절정감을 쉽게 느낄 수 있다. 이렇게 자위행위를 통해 혼자서 절정감을 경험하고 절정감을 편안하게 받아들일 수 있게 되면 다음 단계로 진행한다.

다음 단계는 성적 파트너가 있는 경우에 절정감을 경험할 수 있도록 학습하는 것이다. 먼저 환자는 배우자와 함께 있는 상태에서 자신의 성기를 자극하여 절정감을 경험하게 한다. 이때 상대방은 환자를 안고 있거나 등을 대고 돌아앉아 있을 수도 있다. 중요한 것은 두 사람이 이러한 훈련의 목적을 잘 인식하고 친밀한 관계 속에서 편안하게 진행해야 하며 무리하게 절정감을 느끼려고 해서는 안 된다는 것이다.

다음 단계에서는 배우자가 손으로 환자의 성기를 자극하여 절정감에 도달하도록 한다. 이때 환자는 자신을 강박적으로 관찰하는 것을 피하고 주의를 다른 곳으로 돌리거나 자신이 좋아하는 상상을 하도록 한다.

이러한 훈련의 원리는 환자가 혼자 절정감을 느끼는 것으로부터 성기를 삽입한 상태에서 절정감을 느끼게 되기까지 서

서히 체계적인 둔감화를 시키는 것이다. 다음과 같은 절차를
통해 훈련하도록 한다.

- 상대방 앞에서 자위행위를 통해 절정감을 경험하도록 한
  다. 이때 성기를 서서히 여성의 질 근처에 접근시켜 질 입
  구에서 절정감을 느낄 수 있도록 한다.
- 여성이 손으로 남성의 음경을 자극하여 절정감을 느끼게
  한다.
- 여성은 남성의 음경을 자극하여 남성이 절정감에 접근하
  면 절정감 순간에 음경을 질 내에 삽입한다.
- 이런 과정을 반복하면서 점차 손에 의한 자극이 필요 없
  게 될 때까지 서서히 음경의 삽입 시기를 앞당긴다.
- 성기를 삽입한 상태에서 여성이 몸을 움직여 음경을 자
  극한다. 또는 남성이 성교행위를 하는 동안 음경의 아랫
  부분을 손으로 자극할 수 있다. 이렇게 하면 자극이 보다
  강렬해서 남성이 절정감을 경험하게 된다.

(3) 여성 절정감 장애의 치료

여성 절정감 장애의 경우, 치료 목표는 음경의 삽입에 의하
여 느끼게 되는 불안감을 감소시키고 음핵의 자극을 강화함으
로써 좀 더 쉽게 절정감에 도달하게 하는 것이다. 여성의 음핵

은 절정감을 느끼게 하는 주요한 부위이지만 음경이 삽입되면
음핵에 대한 자극이 감소된다. 따라서 성행위 시에 음핵의 자
극을 높여 주는 방법을 통해 보다 쉽게 절정감을 경험할 수 있
다. 이러한 훈련의 절차는 다음과 같다.

- 남성이 여성의 음핵을 손이나 구강으로 자극하여 절정감
  을 경험하게 한다.
- 음핵을 자극하면서 동시에 질에 음경이 삽입되도록 한
  다. 여성이 음핵자극을 통해 성적 흥분이 상당히 고조되
  었을 때 성기 삽입이 이루어져야 한다. 음경이 삽입되어
  있는 동안 남성 또는 여성 자신이 음핵을 자극하여 절정
  감을 느끼도록 한다. 점차로 음핵의 자극을 짧게 하여 음
  핵의 자극 없이도 절정감에 도달할 수 있는 상태로 나아
  가게 한다.
- 일반적으로 여성의 절정감 경험은 남성에 의해 자극이 주
  어지는 수동적인 방법보다는 남성의 엉덩이 쪽을 향해 자
  신의 골반을 밀어 올리는 능동적인 움직임을 통해 더 쉽
  게 도달될 수 있다. 따라서 여성은 자신의 골반을 상하로
  운동하면서 스스로 자신의 성기를 자극하여 절정감을 느
  낄 수 있도록 한다. 이러한 방법은 성기 마찰과 음핵 자극
  을 강화하여 절정감을 느낄 수 있는 가능성을 높여 준다.

(4) 발기장애의 치료

발기장애는 성행위에 대한 심한 불안에 의해 유발되는 경우가 많다. 따라서 성행위 시에 상대방에 대해 느끼는 부담감과 압박감을 해소하여 불안과 긴장이 감소되면 발기장애는 대부분 호전된다. 치료자는 환자가 배우자와 편안하고 비요구적인 관계를 구축하도록 돕는다. 아울러 성적 수행에 대한 압박감 없이 자신의 쾌감을 즐길 수 있도록 격려한다. 이러한 목표는 성적 수행불안과 관찰자적 태도를 수정하는 매스터스와 존슨의 치료 방법에 의해서 효과적으로 달성될 수 있다.

추가적으로, 캐플런은 발기불능을 개선할 수 있는 방법을 제안하고 있다. 그는 발기하기 위해 성기에 자극이 가해지는 동안 성적인 공상을 하게 하였다. 특히 발기되지 않을 것에 대한 불안이 느껴질 때 이러한 공상은 도움이 된다. 아울러 발기해야 한다는 남성의 부담감을 줄여 주기 위해서, 상대 여성으로 하여금 성기를 삽입하는 대신에 음핵의 자극을 통해 성적 흥분과 절정감을 느끼는 성행위 방식을 권유하기도 한다. 그러나 발기장애는 다양한 심리적 원인에 의해서 생겨날 수 있기 때문에 원인에 따라 유연하게 치료 방법이 적용되어야 한다.

(5) 여성 성적 관심/흥분 장애의 치료

캐플런은 여성에게 나타나는 성적 관심/흥분 장애도 역시 불안과 관련되어 있다고 본다. 따라서 성적인 흥분을 경험하면서 느끼게 되는 불안과 성적 흥분의 표현을 억제하게 만드는 불안을 줄이는 것이 치료의 목표가 된다. 이를 위해서 다음과 같은 훈련 방법을 제시하고 있다.

- 성기에 자극을 가하지 않고 서로의 몸을 애무하거나 쾌감을 음미하게 한다.
- 절정감에 이르지 않을 정도로 부드럽고 자연스럽게 성기를 자극하면서 성적인 쾌락을 느끼게 한다.
- 남성이 여성의 성기를 천천히 정성껏 자극하게 한다. 외음부, 음핵, 질의 입구, 유두를 애무하게 한다. 여성이 절정에 가까워졌다고 느끼면 일단 애무를 멈추고, 흥분이 가라앉으면 다시 애무를 계속하게 한다.
- 여성의 질이 충분히 윤활화될 때까지 성교는 보류한다. 이때 여성이 성교 보류에 대해서 남성에게 부담감을 느끼지 않도록 남성에게 질외에서 절정감을 느낄 수 있는 방법예: 여성의 손에 의한 자극을 지도한다.
- 여성상위 체위를 통해 성기 삽입을 하게 한다. 이러한 체위를 통해 여성은 스스로를 조절하면서 원하는 시기에 삽입할 수 있으며, 질의 감각에 집중할 수 있게 된다.

이와 같이 성행위에 대한 불안을 둔감화시키는 훈련을 통해 성적 흥분을 체험하게 된다. 여성이 성적 자극을 받고 있는 동안 성적인 상상을 하게 하면 불안을 감소시키는 데 도움이 된다. 그러나 이러한 방법의 적용은 환자 개개인의 정신역동적 갈등에 맞추어 유연하게 이루어져야 한다.

(6) 생식기-골반 통증/삽입 장애의 치료

성기 삽입을 어렵게 하는 생식기-골반 통증/삽입 장애는 성행위 시에 느끼는 불안과 긴장으로 인한 질 주변 근육의 경련에 기인한다. 따라서 캐플런은 체계적 둔감화 방법을 통해 질 주변 근육의 경련을 유발하는 불안을 제거함으로써 치유될 수 있다고 주장한다. 훈련 절차는 다음과 같다.

- 여성은 거울을 사용하여 자신의 질 입구 부위를 관찰한다. 자신의 성기 관찰에 익숙해짐에 따라 불안이나 수치심을 덜 수 있다.
- 편안하게 느낄 때까지 매일 질 입구에 손가락 하나를 삽입해 본다. 이때 필요한 경우에는 윤활제를 사용해도 좋다.
- 편안함을 느낄 때까지 매일 질 입구에 손가락 두 개를 삽입해 본다.
- 편안함을 느낄 때까지 매일 질 입구에 손가락 3개를 삽입

해 본다.

- 질 입구에 남성 파트너의 손가락을 1~2개 삽입하도록 한다.
- 여성이 스스로 조절하면서 음경이 삽입되도록 한다. 이 때 성교운동은 하지 않는다.
- 성기를 삽입하고 성교운동을 한다.

캐플런은 이처럼 성기능 장애의 종류에 따라 적절한 행동적 훈련 방법을 제시하고 있다. 여기에는 체계적 둔감화 방법을 위시한 행동치료적 기법을 적용하는 동시에 정신역동적인 치료가 병행된다. 성기능 장애를 유발하는 불안의 내용은 매우 다양하기 때문에, 불안의 정신역동적 의미를 잘 이해하고 그에 따라 적절한 방법이 적용되어야 함을 강조하고 있다. 또한 치료자는 환자들이 치료 방법을 수용하지 않거나 거부하는 저항을 잘 다룰 수 있어야 한다. ❖

4. 약물치료와 외과적 치료

성기능 장애는 심리적 원인과 더불어 신체적 원인이 복합적으로 관련되는 경우가 많다. 또한 성기능 장애를 극복하는데에는 약물 복용이나 수술과 같은 여러 가지 물리적 방법을 통해 도움을 얻을 수 있다.

1) 약물치료

성기능 장애의 치료에 사용되는 약물은 신체적인 성적 반응에 영향을 줄 뿐만 아니라 심리적 불안과 긴장을 완화시키는 데에도 도움이 된다. 성기능 장애의 치료에 흔히 처방되는 약물은 다음과 같다.

우선, 진정제나 항불안제가 성기능 장애의 치료에 사용된다. 이러한 약물은 중추신경 억제제로서 대개 심한 불안이나 불면증에 사용된다. 적은 용량을 복용하게 되면 심리적 불안과 신체적 긴장을 감소시켜 성욕구가 증가되고 성적 흥분이 지속되는 효과를 나타낼 수 있다. 그러나 많은 양을 장기간 사용하면 오히려 성반응이 억제되어 성기능 장애를 악화시킬 수 있다. 알코올도 이와 유사한 효과를 지니고 있다.

여러 가지 항정신병 약물이 성기능 장애에 처방되기도 한다. 성기능 장애는 여러 가지 정신장애예: 우울증, 조현병 등로 인해 파생될 수 있다. 따라서 정신장애를 치료하는 약물을 복용하게 되면 성기능 장애가 개선될 수 있다. 항우울제는 우울증을 완화시킴으로써 성욕구가 증진되고 성행동이 활발해질 수 있지만, 발기문제나 사정곤란의 부작용이 나타날 수 있다. 이 밖에 항정신병 약물은 조현병과 같은 심각한 정신장애를 치료함으로써 간접적으로 성기능에 긍정적인 효과를 나타낼 수 있다. 그러나 이런 약물을 다량으로 복용하면 성욕이 감퇴되거나 발기불능이 나타날 수 있다.

성기능 장애의 치료에 흥분제가 사용되기도 한다. 코카인이나 암페타민과 같은 흥분제는 중추신경계를 자극하고 교감신경계의 기능을 향상시켜서 욕구 단계, 고조 단계, 절정 단계의 성적 반응을 향상시킨다. 그러나 과도하게 복용하면 오히려 발기를 억제하거나 절정감을 방해한다.

다양한 호르몬제도 성기능에 영향을 미친다. 이러한 약물은 중추신경계의 성중추를 자극하여 성기의 반응에 영향을 주는 것으로 알려져 있다. 예컨대, 안드로겐은 남녀 모두에게 성중추를 자극하여 성욕을 높여 주고 음경과 음핵의 기능에 영향을 미친다.

이 밖에도 중추신경계에 영향을 미치는 다양한 약물이 사용된다. 드문 경우이지만, 성적 욕구와 절정감을 증대시키기 위해서 환각제가 사용되기도 한다.

지금까지 소개된 약물들은 직접적으로 성기능에 영향을 미치기보다는 다른 질환을 치료하기 위해 사용되는 약물로서 부수적인 약리 효과로 인해 성기능에 영향을 주는 것이라고 할 수 있다. 약물치료는 짧은 시간에 간단한 노력으로 효과를 거둘 수 있다는 장점을 지니고 있지만, 약물의존성과 같은 여러 가지 부작용의 문제점을 안고 있다.

대표적 약물인 비아그라를 살펴보자. 1998년 미국의 식품의약국FDA이 최초로 승인발기장애 치료를 위한 경구용 약물한 성기능 장애 치료제인 비아그라는 사회에 큰 반향을 일으켰다. 그 당시 발기장애가 심리치료의 성격을 지닌 성치료나 보형물을 삽입하는 외과적 수술에 의해 치료되고 있던 상황에서, 비아그라의 출현은 발기장애를 지닌 사람들에게 희소식이 아닐 수 없었다.

미국의 파이저사는 원래 심혈관계의 동맥경화증을 치료하

기 위한 약물을 개발하는 과정에서 실데나필이 음경의 혈류를
개선하여 발기를 촉진한다는 사실을 발견하여 비아그라라는
이름의 발기장애 치료제로 개발하였다. 이 약은 성적 흥분기
에 분비되는 사이클릭 GMP라는 화학물질을 분해함으로써 음
경의 발기를 저해하는 효소를 억제하여 발기불능을 치료하는
효과를 나타낸다.

비아그라가 발기장애 치료에 효과적이라는 것은 여러 연구
에서 확인되었다. 비아그라를 복용한 발기장애 환자의 약 70%
이상이 발기 능력을 회복한 것으로 나타났다. 보스턴 대학교
연구팀이 32주간에 걸쳐 532명의 남성을 상대로 실시한 임상
실험에 따르면, 비아그라를 복용했을 경우 발기장애 환자의
69%에서 효험이 나타난 반면, 유사한 형태를 지녔지만 아무런
약리적 효과가 없는 위약을 복용시킨 경우에는 22%만이 발기
된 것으로 나타났다. 비아그라를 복용한 남성의 경우는 한 달
에 평균 5.9회의 성관계를 가질 수 있었으나, 복용하지 않은
사람은 1.5회에 그친 것으로 나타났다. 이처럼 초기의 여러 연
구에서 비아그라가 발기장애 치료에 매우 효과적인 반면, 부
작용은 미미한 것으로 보고되어 '기적의 명약'으로 알려지게
되었다.

그러나 비아그라는 이후의 연구에서 여러 가지 심각한 부
작용을 유발할 수 있는 것으로 밝혀지고 있다. 따라서 이 약은

의사의 처방을 거쳐 조심스럽게 사용해야 한다. 특히 이 약물을 '정력제'나 '회춘제'로 오해하고 있는 우리 사회에서는 더욱 그러하다. 미국의 FDA는 비아그라의 사용에 대해서 발기 장애 환자들이 성관계를 갖기 1시간 전에 1알을 복용해야 하며, 하루에 1번 이상 약을 복용해서는 안 된다는 점을 강조하였다.

비아그라의 가장 심각한 부작용은 심장마비나 심장혈관 질환으로 인한 사망이다. FDA에 따르면, 비아그라가 발매된 이후 1998년 말까지 복용자 중에서 약 130명이 사망하였다. 주된 사망 내용은 심장혈관 질환과 심장마비였다. 이들 중에는 고혈압, 흡연, 당뇨, 심장병 전력 등 한 가지 이상의 위험요인을 지닌 사람이 많았다. 특히 2알 이상을 복용할 경우에는 심장발작이 초래될 수 있으며, 그로 인해 사망할 가능성도 높다.

또한 FDA는 비아그라가 심장혈관 질환을 앓고 있는 남성들에게 일시적으로 시력상실을 야기할 가능성이 있다고 경고하고 있다. 망막 질환자들도 어지럽거나 세상이 파랗게 보이는 증상을 나타낼 수 있다.

비아그라의 가장 흔한 부작용은 복용한 뒤 얼굴이 화끈거리고 두통이나 복통이 나타날 수 있다는 것이다. 이밖에도 비아그라로 인해 너무 오랜 시간 동안 음경이 발기하는 경우도 보고되고 있다. 또한 성적으로 건강한 사람이 비아그라를 복

비아그라의 심리적 부작용

비아그라는 발기를 촉진하는 탁월한 효과에도 불구하고 여러 가지 부작용을 초래하고 있다. 신체적인 부작용 외에도 여러 가지 심리적인 부작용으로 인해 부부생활에 악영향을 미칠 수 있다.

첫째, 비아그라가 부부 사이의 성생활 문제를 일거에 해결해 줄 것이라는 환상을 갖는 것이다. 이 약이 남성의 발기력을 증진시켜주는 것은 사실이지만 침실에서 나타나는 문제들을 모두 해결해 주는 것은 아니다. 부부간의 신뢰부족, 적개심, 혐오감, 성지식 및 성기술의 미숙 등의 문제는 여전히 성생활에 문제를 야기할 수 있다. 이러한 문제는 비아그라를 복용하는 것 외에 다른 형태의 노력을 필요로 한다.

둘째, 성기능에 별 문제가 없는데도 자신의 성적 능력에 자신이 없는 남성들이 이 약을 복용함으로 인해 부부생활에 혼란이 생겨날 수 있다. 비아그라를 복용하고 약효가 나타난 남편이 아내의 의사를 무시하고 빈번하게 성관계를 요구하여 새로운 갈등이 발생할 수 있다. 특히 평소에 성기능이 약하여 위축되어 있던 남편의 경우, 비아그라를 복용하고 자신의 성기능을 지나치게 과시하려고 하거나 평소와 달리 아내를 대하는 행동이 지배적으로 변할 수 있다. 이렇게 되면 부부생활이 오히려 불안정하게 흔들릴 수 있다.

셋째, 비아그라의 효능을 과도하게 기대하는 아내 앞에서 남편은 오히려 부담감을 더 크게 느낄 수 있다. 예컨대, 비아그라를 먹으면 남편의 성기능이 급격히 강화되어 여러 번 절정감을 맛볼 수 있을 것이라는 기대를 지니고 침실에 드는 아

> 내를 보면서 남편은 실패의 두려움을 느끼지 않을 수 없다. 그러나 비아그라가 만족스러운 성경험을 보장해 주지 못할 뿐만 아니라 남편이 느끼는 부담감은 오히려 성기능을 억제하게 된다.
>
> 마지막으로, 비아그라는 성기능을 왕성하게 하여 남성으로 하여금 혼외관계와 불륜행위를 조장할 수 있다. 특히 가정불화를 겪고 있는 남성은 비아그라 덕분에 성적 능력을 회복하게 되면 혼외 성관계에 빠져들 수 있다. 모든 약이 그러하듯이, 사용하는 사람의 마음가짐이 잘못되어 있으면 오히려 독약이 될 수도 있다.

용할 경우 발기 상태가 장시간 계속 유지되는 '발기지속증'이 나타날 수 있으며, 때로는 영구적인 발기불능이 될 수도 있다. 발기지속증이 6시간 이상 나타나면 음경 해면체 내에 혈액공급이 차단되어 해면체가 손상되기 때문이다.

여러 가지 부작용이 세계 곳곳에서 발생하자 화이자 제약회사는 비아그라에 대한 경고문을 잇달아 발표하였다. 특히 과거에 심장병, 저혈압, 심한 고혈압, 졸도 등의 증세를 지닌 사람들은 이 약을 복용하지 않는 것이 바람직하다고 경고하고 있다.

비아그라는 그동안 발기장애로 고생하던 수많은 남성에게 더없는 희망을 안겨 주었으며 비아그라의 원리를 제공한 의학자 3명은 노벨상을 받기도 하였다. 그러나 이 약은 결코 만병 통치약이나 정력제가 아니며, 여러 가지 부작용을 유발할 수 있으므로 함부로 남용해서는 안 된다.

2) 외과적 수술

성기능 장애를 치료하기 위해 외과적 수술 방법이 사용되기도 한다. 그러나 외과적 수술은 매우 극단적인 방법이므로 신중하게 결정해야 한다. 대부분의 전문가는 성기능의 문제가 다른 치료 방법으로 해결되지 않을 경우에 한하여 외과적 수술을 권유한다.

남성의 발기장애를 치료하기 위한 방법으로 음경에 인공 보형물을 삽입하는 방법이 사용된다. 여기에는 크게 3가지 유형이 있다. 첫 번째 방법은, 음경에 일정한 크기의 보형물을 삽입하여 발기가 영속적으로 지속되게 하는 방법이다. 두 번째 방법은, 영속적인 발기를 유지하고 음경의 각도와 모양을 바꿀 수 있도록 하는 방법이다. 마지막 방법은, 액체나 공기를 외부에서 주입하여 발기 상태를 조절할 수 있는 보형물을 음경에 삽입하는 방법이다. 이 경우에는 한쪽 고환 부위에 작은 펌프를 삽입하여 필요한 경우에만 발기하게 할 수 있다.

그러나 이러한 수술을 받은 남성들을 장기간 관찰한 결과,

성기능이 여전히 저하되어 있는 경우가 많았다. 발기하여 성교를 하는 데에 더 이상 성적인 욕구와 흥분이 필요하지 않기 때문에 성생활의 장기적 적응에는 부정적인 영향을 준 것이다. 성기능의 문제는 대부분 심리적 요인과 신체적 요인이 복합적으로 작용하여 발생하듯이, 심리적 요인들이 해결하지 않은 채 단지 신체적 요인만을 수술로 호전시킨다고 해서 장애가 온전히 극복될 수는 없다.

조루증에 적용되는 외과적 수술 방법의 하나가 최근에 개발된 복합음경확대술이다. 이 방법은 남성의 성기가 지나치게 작은 음경왜소증과 조루증을 동시에 치료하는 효과를 지닌 것으로 알려지고 있다. 복합음경확대술은 2단계로 진행된다. 먼저, 포경수술과 마찬가지로 음경의 피부를 잘라 내고 귀두 부위에 흩어져 있는 신경의 일부를 차단하여 귀두의 예민성을 둔하게 하는 수술을 시행하고, 엉덩이 부위에서 절제한 피부 지방층을 귀두 부위에 이식하여 봉합하면 6주 후에는 성생활이 가능해진다. 수술 효과로 음경의 길이와 굵기가 확대되었을 뿐만 아니라 조루증이 현저하게 개선되었다는 보고가 있다.

이 밖에도 발기장애를 치료하기 위해 음경의 해면체에 혈액을 공급하는 혈관을 수술하는 방법이 있다. 음경은 동맥을 통해 해면체에 혈액이 들어옴으로써 발기되고, 정맥을 통해 혈액이 빠져나감으로써 발기가 약화된다. 노화 현상이나 동맥경화증으로 인해 음경에 혈액이 잘 공급되지 않아 발기 문제가 생기는 경우는 외부동맥을 음경으로 이어 주는 수술을 한다. 반대로 음경에 들어간 혈액이 너무 쉽게 빠져나와 발기력이 약해지는 경우에는 음경정맥의 일부를 묶어 준다. 이 방법은 성공률이 비교적 낮은 편이며 효과도 일관되지 않아서 꼭 필요한 환자에게만 시술한다. 하지만 이 수술은 성공하기만 한다면 인공 보형물 삽입 수술과는 달리 성적 욕구와 흥분을 경험해야 발기가 되므로 정상적인 성기능을 회복할 가능성이 높다.

발기 문제를 해결하기 위해 다양한 도구가 개발되어 있다. 그 일례가 공기펌프식 압축기구이다. 유리관 형태의 기구를 음경 위에 씌우고 공기펌프를 사용하여 유리관 안의 공기를 빨아 내면 음경이 부풀게 된다. 이렇게 음경이 커진 상태에서 고무밴드를 사용하여 음경의 뿌리 부분을 묶어 주면 발기 상태가 유지된다. 이 방법은 성교 시마다 그 직전에 기구를 사용해야 한다는 불편함이 있지만, 기구의 가격이 저렴하고 부작용이 거의 없다는 장점이 있다. ◆

🔑 남성의 성기는 클수록 좋은가

남성의 성기가 크면 성생활을 더 잘하는 것으로 알고 있는 사람들이 있다. 성기가 작아서 고민하거나 열등감을 지니는 남성도 많다. 그래서 음경을 확대하거나 음경에 이물질을 넣는 수술을 하기도 한다. 그러나 음경이 크다고 해서 성생활을 더 잘하는 것은 아니다.

한국 남성의 평균 음경 크기는 평상시에는 7.4cm, 발기 시 12.7cm인 것으로 조사되어 있다. 여성이 강한 성적 쾌감을 느끼는 부위는 질 입구에서 3~4cm 정도 안쪽에 위치한다. 이 부위는 신경세포가 밀집되어 있어서 약간의 자극에도 쾌감을 느끼게 되며 소위 G반점(G-spot)이 여기에 위치하고 있다. 따라서 남성의 성기가 4~5cm 이상만 된다면 만족스런 성행위를 하는 데에 문제가 없다.

남성의 성기는 사람마다 크기가 다르다. 특히 선천적 원인이나 발육 과정의 문제로 인해서 성인이 되어도 성기가 작은 경우를 음경왜소증이라고 한다. 이러한 경우라도 발기하여 5cm 이상이 되면 성생활에 별다른 문제가 없다.

다만, 음경이 왜소한 것에 대한 심리적 열등감과 불안이 문제가 되며, 이로 인하여 자신감이 저하되고 사회생활을 위축시킬 수 있기 때문에 치료의 필요성이 인정되고 있다. 이러한 경우에는 성기확대수술을 통해 도움을 받을 수 있다.

5. 성기능 장애의 자가치료

성기능 장애는 친한 친구 사이에서도 쉽게 털어놓고 상의하기 어려운 고민거리다. 또한 성치료 전문가를 찾아가 도움을 청할 용기를 내는 일도 결코 쉽지 않다. 따라서 성기능 문제를 지닌 사람들은 뾰족한 해결책을 찾지 못한 채 혼자 고민하며 시간만 보내는 경우가 흔하다. 성기능 문제가 부부생활이나 정신건강에 심각한 영향을 미치고 있을 경우에는 성치료 전문가를 찾아가 도움을 구하는 용기가 필요하다. 전문가의 도움을 받아 해결될 수 있는 문제를 쑥스럽고 부끄럽다고 해서 혼자 고민하는 것은 어리석은 일이다.

그러나 성기능 문제가 경미하거나 정히 다른 사람에게 이러한 문제를 털어놓기 어려운 경우에는 스스로 문제해결을 위해 적극적인 노력을 해야 한다. 이처럼 스스로 성기능 문제를 해결하고자 하는 독자를 위해서 자가치료법을 소개한다.

무엇보다도 성기능 문제를 방치하지 말고 해결하겠다는 적극적인 마음자세가 중요하다. 이를 위해서 성기능 문제에 대한 정확하고 과학적인 지식을 습득하도록 노력해야 한다. 이 책에서 제시된 성기능 장애의 주요한 원인과 치료 방법을 잘 익혀서 자신에게 적용해 보도록 노력해야 한다. 이 밖에도 성기능 장애에 대한 책이나 문헌들을 읽어 봄으로써 자신의 문제를 잘 이해하는 것이 자가치료의 첫걸음이다.

아울러 성기능 문제의 치료를 위해서는 조급해하지 말고 꾸준한 노력이 필요하다는 점을 인식해야 한다. 흔히 성기능 문제를 지닌 사람들은 획기적 방법을 통해 단기간에 빨리 문제를 해결하기를 원한다. 그래서 특별한 약물, 식품, 기구와 같은 비법을 찾으려 하지만 비용과 시간만 소비할 뿐 효과를 보지 못하는 경우가 대부분이다. 서로 공개하지 않을 뿐 성기능 문제를 지닌 사람들이 의외로 많다는 점을 인식한다면 자신만이 이런 문제를 지니고 있다는 불안과 좌절감을 느끼지 않을 것이다. 초조하고 조급한 마음을 버리고 차근차근 해결의 실마리를 찾아나가는 자세가 필요하다.

앞에서 설명하였듯이, 성기능 장애는 스트레스, 부부관계의 갈등, 과도한 음주나 흡연과 같은 심리적 요인에 의해 유발되는 경우가 많다. 따라서 직장활동이나 대인관계에서 느끼는 스트레스를 줄이는 노력이 필요하다. 심리적으로 편안하고 신체적으로 건강한 상태를 만드는 것이 성기능 문제를 극복하는 관건이다. 또한 부부관계에 갈등이 있는 경우에는 이를 해결하도록 노력해야 한다. 대화하는 방식의 개선, 갈등에 대한 허심탄회한 대화, 친밀감 증진 및 애정의 회복 등의 노력이 함께 이루어져야 한다. 아울러 과도한 음주나 흡연도 삼가는 것이 좋다. 이러한 노력이 없이는 어떠한 치료 방법도 성기능 문제를 만족스럽게 해결할 수 없다. 이상에서 언급한 노력에 덧붙여 추가적으로 성기능 장애의 유형에 따른 자가치료 방법을 살펴보기로 한다.

1) 남성 성욕감퇴 장애와 여성 성적 관심/흥분 장애의 자가치료

성행위에 대한 욕구를 느낄 수 없거나 과거에 비해 현저하게 성적 욕구가 저하되어 있을 경우 다음과 같은 노력이 필요하다.

우선, 성욕구를 촉발할 수 있는 시청각 자료를 접하도록 노력한다. 여기에는 누드 사진, 포르노 잡지, 야한 영화나 비디오, 포르노 소설 등이 있다. 이러한 시청각 자료를 부부가 함께 보는 것도 좋다.

둘째, 주변 환경이나 침실의 분위기를 새롭게 바꾸어 편안하고 낭만적인 분위기를 연출할 수 있는 환경이나 계기를 만들어 본다. 어린 자녀와 함께 침실을 사용하는 부부라면 둘만의 공간을 만들거나 주말에 낭만적인 여행을 떠나 성관계를 맺어 보는 것도 좋다.

셋째, 성적 욕구가 저하된 원인을 분석하고 개선해 본다. 육체적 피로나 질병, 업무로 인한 과로와 스트레스, 심리적 걱정과 우울증 등 가능한 원인을 살펴보고 개선하도록 노력한다.

넷째, 부부관계를 재조명하고 부부간의 친밀감과 애정을 증진하도록 노력한다. 성욕의 저하는 흔히 배우자에 대한 실망, 혐오, 분노, 두려움에서 기인하는 경우가 많다. 따라서 부부간의 관계를 개선하고 상대방에 대한 성적 매력과 애정을 회복하도록 노력해야 한다.

다섯째, 성에 대한 태도와 신념을 바꾸도록 노력한다. 섹스는 더럽고 추악하며 죄스러운 것이라는 생각이 성욕 감퇴와 성혐오증의 원인이 될 수 있다. 섹스는 인간이면 누구나 행하는 자연스러운 애정표현 수단이며 사랑을 나누는 지극히 아름답고 친밀한 방법이라는 생각으로의 전환이 필요하다. 이를 위해서 성적 파트너와 성에 대한 생각을 털어놓고 자유롭게 토론을 하는 것이 좋다. 성에 대한 혐오감은 흔히 성에 대한 잘못된 지식이나 정보에 의한 경우가 많다. 따라서 성에 대한 과학적 지식을 소개하는 책자나 문헌을 읽어 보는 것도 도움이 될 수 있다.

2) 발기장애의 자가치료

발기장애에는 전혀 발기가 되지 않는 발기불능과 발기가 되지만 강도가 미약하여 성기 삽입에 어려움이 있거나 발기되었다가 쉽게 위축되어 버리는 불완전발기가 있다. 이러한 발기장애는 성교를 불가능하게 만들기 때문에 남성들이 가장 고민하는 성기능 장애다.

발기장애를 개선하는 가장 간단한 방법은 비아그라를 복용하는 것이다. 의사의 진찰을 받고 처방에 따라 비아그라를 사용하면 된다. 그러나 부작용의 가능성 때문에 비아그라를 복용할 수 없거나 복용해도 여전히 발기 문제가 지속되는 경우도 있다. 한편, 약물의 도움 없이 스스로 발기 문제를 해결하고자 하는 사람은 다음과 같은 방법을 시도해 볼 수 있다.

우선, 자신의 발기 상태를 점검한다. 즉, 수면 중에 발기가 되는지, 자위행위 시 발기가 되는지, 상대방과 상황에 따라서 발기 상태가 달라지는지를 살펴본다. 전혀 발기가 되지 않을 경우에는 신체적 원인이 있을 수 있으므로 전문가의 도움이 필요하다. 그렇지 않은 경우에는 심리적 원인이 개입될 수 있으므로 다음과 같은 노력을 시도해 본다.

둘째, 발기가 되지 않는 상황과 심리적 상태를 살펴본다. 발기 문제는 심리적 불안과 관련되어 있는 경우가 많으므로 발기를 억제하는 불안감의 실체와 내용이 무엇인지 살펴본다. 급히 성행위를 하거나, 다른 사람에게 들킬 수 있는 상황에서 조급하게 성행위를 하거나, 죄책감을 느낄 수 있는 대상예: 매춘부, 부부가 아닌 대상과 성행위를 하게 될 때 발기가 되지 않을 수 있다. 가장 흔한 경우는 발기가 되지 않을 것에 대한 두려움과 초조감을 느끼거나 성적 파트너에 대한 부담감을 느끼는 것이다.

셋째, 성적 파트너에게 자신이 발기 문제가 있음을 털어놓고 알린다. 이를 통해 상대방에 대한 부담감을 덜고 도움을 얻을 수 있다. 상대방이 이해해 준다면, 반드시 발기하여 성교행위를 하려고 시도하기보다는 애무를 통해서 서로의 사랑을 교환한다. 섹스는 반드시 성기 삽입을 통해서만 이루어지는 것은 아니다. 발기해야 한다는 부담 없이 편안한 마음으로 애무를 하다 보면 자연스럽게 발기되는 경우가 있다.

때로는 역설적 의도paradoxical intention 기법이 효과적일 때도 있다. 이 기법은 억지로 의도하면 그 결과가 나타나지 않는 반면, 의도하지 않으면 그 결과가 나타날 수 있다는 심리적 현상에 근거하고 있다. 즉, 절대로 발기하지 않도록 하여 성교 삽입을 하지 않겠다고 결심하고 애무에 집중하면 의도와 달리

발기가 되는 경우도 있다. 중요한 것은 발기 실패에 대한 불안
과 상대방에 대한 부담감을 덜어 내는 것이다.

넷째, 불안을 감소시키기 위해 체계적 둔감화 방법을 적용
한다. 우선 성관계시 불안을 느끼는 구체적인 상황들을 열거
하여 목록을 작성하고 가장 불안을 적게 느끼는 상황에서 가
장 많이 느끼는 상황의 순서로 배열한다. 다음에는 가장 편안
한 자세로 누워서 온몸의 힘을 뺀다. 눈을 감고 온몸을 머리
위에서부터 발끝까지 천천히 생각으로 더듬으며, 혹시 힘이
들어가거나 긴장해 있지 않은지 살펴보고 완전히 근육을 이완
시킨다. 이때 호흡은 천천히 10까지 세면서 들이마시고 다시
10까지 세면서 내쉰다. 약 10분간 이 상태를 유지하면서 반복
해서 연습한다.

그다음 단계에서는 불안목록에서 가장 불안을 적게 느끼는
상황을 떠올린다. 이때 긴장이완 훈련에서 익힌 것처럼 몸의
긴장을 감소시킨다. 이러한 방식으로 완전히 불안이 느껴지지
않을 때까지 반복하고 나서 다음의 불안 상황으로 넘어간다.
이런 과정을 목록의 끝까지 하고 나면 불안이 현저하게 감소
되고 성관계시 발기력이 되살아날 수 있다.

3) 조루증의 자가치료

조루증은 남성의 빠른 사정으로 인하여 여성 파트너가 충분한 성적 흥분과 절정감을 느끼지 못하게 하는 성기능 문제다. 이러한 조루증은 남성, 특히 젊은 남성에게 매우 흔한 문제다. 그러나 조루증은 다음과 같은 자가치료 방법을 통해 꾸준히 노력하면 극복될 수 있다.

조루증을 치료하는 대표적인 방법은 앞에서 소개한, 매스터스와 존슨이 제시한 스퀴즈 기법이나 캐플런이 제시한 스탑-스타트 기법이다. 스퀴즈 기법은 자위행위를 하듯이 스스로 성기를 자극하다가 절정에 이르기 직전에 귀두 부분을 엄지와 검지손가락으로 움켜잡아 사정을 막은 후 어느 정도 흥분을 조절할 수 있는 상태가 되면 다시 성기에 자극을 가하는 과정을 반복하는 방법이다. 꾸준히 이 방법으로 훈련하면 사정에 이르는 흥분 과정을 자각하게 되어 성교 시 성기의 자극을 조절함으로써 사정을 지연시킬 수 있게 된다. 이 방법은 혼자서 훈련할 수 있다는 장점이 있다.

때로는 이 기법을 성교 시에도 사용할 수 있다. 성교 도중 사정이 가까워졌다는 느낌이 들면 음경을 빼낸 후 엄지손가락을 위로 하고 두 번째 손가락과 세 번째 손가락을 아래로 하여 귀두와 음경이 만나는 부위를 잡고 힘껏 누른다. 이렇게 하면 사정을 멈출 수 있으며, 흥분이 다소 가라앉으면 다시 성행위를 계속한다. 이 방법을 1개월 이상 지속하면 사정 시간을 지연시키는 데 도움이 된다.

스탑-스타트 기법은 여성 파트너의 도움이 필요하다. 남성이 누워 있는 상태에서 여성은 손으로 남성의 음경을 자극하고, 남성은 절정에 다다를 것 같은 느낌이 오면 여성에게 자극을 중단하도록 요청한다. 성적인 흥분이 다소 가라앉으면 다시 자극을 시작한다. 이런 절차를 3~4번 반복한 후 사정을 하도록 한다. 이 방법의 구체적인 절차는 캐플런이 제시한 조루증 치료 방법에서 이미 자세하게 설명하였다.

이 밖에도 조루증을 극복하기 위해서는 평소에 사정을 조절하는 근육을 강화하는 훈련을 하는 것이 좋다. 항문 부위의 괄약근을 강하게 조이게 되면 사정액이 분출되는 음경의 뿌리 부분 근육이 함께 조여져 사정을 참을 수 있게 된다. 소변을 볼 때 소변의 배출과 멈춤을 3초 간격으로 반복하면서 여러 번에 나누어보는 케겔Kegel 훈련을 하거나, 평소에 항문의 괄약근을 자주 조여 주는 훈련을 하면 성교 시에 사정을 참을 수 있는 능력이 향상된다.

조루증의 극복을 위해서 가장 중요한 것은 무엇보다도 편안하고 느긋한 마음으로 성교에 임하는 것이다. 조급하고 긴장된 마음으로 급히 성기 삽입을 하고 빠른 상하운동을 하여

오랄 섹스는 변태인가

부부가 성관계를 맺을 때, 상대방의 성적인 요구를 이상한 것으로 생각하고 거부하는 경우가 있다. 일반적인 성행위 과정을 보면, 먼저 상대방과의 키스와 애무로 이루어진 전희 단계, 성기의 삽입이 이루어지는 성교 단계, 오르가슴을 느끼고 성적 흥분이 사라지게 되는 해소 단계로 나눌 수 있다. 그런데 전희 단계에서 남편이 아내에게 자신의 성기를 입으로 자극해 달라는 요청을 하는 경우, 일부 여성은 이에 대해 남편에게 경멸의 눈초리를 보낸다. 또는 남편이 아내의 질 부위를 입으로 자극하려 할 때 거부하는 경우가 있는가 하면, 남편이 그렇게 자극해 주기를 바라지만 자신이 음탕한 여자로 비춰질까 봐 요구하지 못하고 포기하는 여성도 있다. 그렇다면 성행위는 어디까지가 정상이고 어느 정도까지 용인될 수 있는가?

성행위의 정상성과 이상성을 판별하는 기준은 시대와 장소에 따라 달라진다. 과거에는 이성의 성기를 입으로 자극하는 구강성교(oral sex)가 변태적인 성행위로 간주되었다. 현재에도 구강성교에 대해서 거부감과 혐오감을 지니고 있는 사람들이 있다.

그러나 현대사회에서 구강성교는 많은 부부가 사용하고 있고 정상적인 성행위로 용인되고 있다. 오랄 섹스라고 불리는 구강성교에는 여성이 남성의 음경을 입으로 자극하는 펠라치오fellatio와 남성이 여성의 질 부위를 입으로 자극하는 커닐링거스cunnilingus가 있다. 이러한 구강성교는 성적인 쾌감을 증가시키고 성교를 원활하게 해 주는 수단으로 활용될 수 있다. 그래서 일부 성치료자는 성적인 문제가 있는 부부에게 치료적인 기법으로도 구강성교를 권장하고 있다.

구강성교에 대해서 부부가 서로 다른 태도를 지니고 있을 때는 갈등이 생겨날 수 있다. 성생활은 부부 두 사람 모두의 쾌감과 만족을 얻기 위한 것이므로 어느 한 편의 방식을 강요하거나 다른 한 사람의 바람이 희생되는 것은 바람직하지 않다. 부부 사이에는 배우자로부터 원하는 성적 자극이 있으면 솔직하게 터놓고 이야기하는 것이 좋다. 솔직한 의견교환을 통해서 성행위 방식의 허용 범위를 정하는 것도 좋은 방법이다. 또한 배우자가 원하는 것이라면 처음에는 받아들이기 어렵겠지만 수용하려는 노력도 필요하다.

성기에 강한 자극을 주기보다는, 마치 놀이를 하듯이 여유 있는 마음자세로 전희와 애무를 충분히 하고, 성기를 삽입한 후에도 천천히 상하운동을 하거나 중간에 잠시 멈추어 움직임의 속도를 다양하게 조절해 준다. 여성의 흥분 상태를 관찰하면서 템포를 맞추어 자신의 움직임과 흥분을 조절하는 것이 조루증을 극복하는 관건이다.

4) 여성 절정감 장애의 자가치료

여성에게 가장 흔한 성기능의 문제 가운데 하나는 절정감 장애다. 성행위 시에 충분한 성적 흥분을 느끼지 못하여 원활한 성교를 하지 못하거나 오르가슴을 경험하지 못하는 것은 매우 좌절스러운 일이다. 절정감 장애를 극복하기 위해서 다음과 같이 노력해볼 수 있다.

첫째, 성행위에 대해서 자신이 지니고 있는 생각과 믿음을 살펴보는 것이 중요하다. 성행위에 대해 죄책감과 혐오감을 가지고 있지는 않은지, 남성 파트너 앞에서 성적으로 흥분하는 것을 부끄럽고 수치스럽게 여기진 않는지, 절정감을 느끼는 것을 두려워하진 않는지(예컨대, 소리를 지르거나 의식을 잃는 것에 대한 두려움 등을 스스로 자문해 볼 필요가 있다. 성에 대한 이러한 부정적 생각들은 성적 흥분을 억제하게 만든다. 따라서 성행위를 자연스럽고 아름다운 사랑의 표현으로 받아들이는 긍정적인 생각으로 전환할 필요가 있다.

둘째, 남편이나 남성 파트너에 대해서 지니고 있는 자신의 감정과 태도를 살펴볼 필요가 있다. 상대방에게 미움, 분노, 혐오감, 두려움을 지니고 있을 경우에는 자연스러운 성적 흥분이 억제될 수 있다. 따라서 이러한 심리적 갈등을 해소하고 상대방과의 성적 친밀감과 애정을 증진시키는 노력이 필요하다. '성행위에서 대뇌의 역할이 9라면 신체의 역할은 1' 이라는 말이 있듯이, 남편에 대해서 애정을 지니고 편안한 마음으로 성행위에 임하면 몸은 자연스럽게 흥분하게 된다.

셋째, 자신이 성적인 흥분을 느끼는 성감대와 성행위 방식

을 찾아본다. 여성마다 흥분을 느끼는 신체 부위가 다를 뿐만
아니라 민감한 감각기관도 다르다. 또한 남성이 애무하는 방
식이나 체위에 따라 흥분되는 정도가 다르므로 자신이 좋아하
는 성행위 방식이나 성감대를 상대방에게 알리도록 한다. 남
성은 의외로 여성의 성적인 선호에 대해서 무지할 수 있다. 자
신의 성적 선호를 상대에게 알리는 것은 결코 부끄럽거나 수
치스러운 일이 아니다. 이런 점에서 부부간에 자유로운 대화
와 원활한 관계가 필요한 것이다.

넷째, 스스로 자신의 예민한 성감대를 자극하여 성적 흥분
과 절정감을 느껴 보는 것도 중요하다. 손이나 진동기를 사용
하여 성감대를 자극하거나 자위행위를 해 볼 수도 있다. 이때
성적인 상상을 하거나 에로틱한 사진을 보면 도움이 된다. 가
능하면 10분 이내에 성적으로 흥분할 수 있도록 훈련한다면
더욱 좋다.

다섯째, 성행위 시에 몸과 마음의 긴장을 풀어 편안한 마음
으로 임하는 것이 중요하다. 이를 위해서 무의식중에 긴장되
어 있는 몸의 근육을 이완시킨다. 머리끝에서 발끝까지 근육
을 하나씩 의식하면서 긴장 정도를 느껴보고 근육을 풀어 이
완시킨다. 이처럼 성행위 시에 불안과 긴장을 풀고 자연스럽
게 자신의 감정에 내맡기는 자세가 필요하다.

여섯째, 캐플런이 제시하고 있듯이, 음핵에 충분한 자극이

가해질 수 있도록 성교 시에 능동적으로 움직인다. 즉, 성교 시에 자신의 골반을 밀어 올리면서 스스로 자신의 성기를 자극한다. 일반적으로 여성의 절정감 경험은 남성에 의해 자극이 주어지는 수동적인 방법보다는 남성의 엉덩이 쪽을 향해 자신의 골반을 밀어 올리는 능동적인 움직임을 통해 더 쉽게 도달될 수 있다. 따라서 절정감 장애를 지닌 여성들은 자신의 골반을 상하로 움직이면서 스스로를 자극하여 절정감을 느낄 수 있도록 노력해야 한다. 이 방법은 성기 마찰과 음핵 자극을 강화하여 절정감을 느낄 수 있는 가능성을 높여 준다.

일곱째, 질근육을 강화하는 수축운동을 한다. 여성은 임신과 출산 후에 질근육이 이완되어 성기 삽입 시 느껴지는 자극이 약화될 수 있다. 소변의 배출과 멈춤을 3초 간격으로 반복하는 케겔 훈련을 꾸준히 하거나 항문의 괄약근을 조여 주는 훈련을 자주 해 주면 질근육의 수축력이 향상되어 성교 시에 강한 성적 자극을 느낄 수 있다. ◆

6. 일반적인 치료법

성기능 장애는 자신이 지니고 있는 성기능의 문제를 잘 이해하고 올바른 치료 방법을 선택하여 노력하면 대부분 치료될 수 있다. 성기능 장애를 치료하는 방법은 매우 다양하다. 또한 성기능 장애의 유형에 따라 치료법도 달라진다. 먼저 성기능 문제의 치료를 위해 일반적으로 적용되는 방법들을 소개하기로 한다.

1) 성교육

성기능에 문제를 지닌 사람 중에는 성에 대한 지식이 부족한 경우가 많다. 때로는 성에 대해서 터무니없는 잘못된 지식을 지니고 있는 경우도 있다. 이러한 현상은 교육수준이 높은 사람들에서도 종종 나타난다.

효과적인 성치료를 위해서는 먼저 성기능 문제를 지닌 사람이 성적 반응에 대해서 적절하게 잘 이해하고 있는지를 확인해야 한다. 만일 성기능 문제가 성에 대한 무지에서 기인한 것일 경우에는 성에 대한 올바른 지식을 이해시키는 성교육을 통해서 의외로 쉽게 치료될 수도 있다.

성교육sex education의 일차적 목표는 성기능 문제를 지닌 사람에게 성에 관한 올바른 지식과 정보를 제공함으로써 성에 대한 이해를 증진시키는 것이다. 따라서 대부분의 성치료자는 성기의 해부학적 구조와 성교 과정의 생리적 변화를 교육하는 데에 많은 시간을 할애한다.

성에 관한 올바른 정보를 제공하는 일은 성기능 문제를 이해하고 치료하는 첫 단계가 될 수 있다. 성기능 장애의 주요 증상, 원인, 치료 방법 등을 이해함으로써 자신이 지닌 성기능 문제의 실상을 파악하고 구체적인 치료적 노력을 기울이게 된다. 이처럼 성교육은 성치료에 대한 올바른 방향을 제시하는 기능도 지니고 있다.

또한 성교육은 성에 대한 올바른 이해를 증진시킬 뿐만 아니라 성에 대한 대화를 나눔으로써 성에 대한 불안감과 부담감을 감소시키는 효과를 얻을 수 있다. 성기능 장애를 지닌 사람은 성에 대해서 말하기를 어려워하여 자신의 성기능 문제를 혼자 고민하며 키워 나가는 경우가 많다. 따라서 성교육 시간에 성에 대해 논의하는 과정을 통해서 성을 자연스럽게 이야기하고 편안하게 받아들이도록 유도하는 효과를 거둘 수 있다.

성교육이 효과를 거두기 위해서는 치료자가 성에 대한 충분한 자료와 정보를 지니고 있어야 하는 것은 당연하다. 아울러 이러한 정보를 자연스럽고 창의적인 방법으로 전달하는 것이 중요하다. 예컨대, 성기능 문제를 스스로 해결하도록 도와줄 수 있는 자가치료서를 소개해 주거나 성에 관한 교육용 비디오나 영화를 보여 주는 것도 좋은 방법이 될 수 있다.

2) 불안 감소

성에 대한 과도한 불안감이 성기능 장애를 유발하는 데에 중요한 역할을 하는 경우가 많다. 성행위에 대한 두려움, 죄책감, 혐오감 등은 성기능을 방해하는 주요한 원인이 된다. 따라서 성기능 장애의 치료에 있어서 이러한 불안감을 감소시키는 일이 매우 중요하다. 불안 감소를 위해서 행동치료적인 기법들이 가장 흔히 사용된다. 특히 성적 혐오증나 성공포증을 치료할 때는 행동치료적인 기법들이 적용된다.

성적 자극에 대한 불안과 두려움을 감소시키기 위한 대표적인 방법은 체계적 둔감법이다. 이 방법은 편안한 이완 상태에서 약한 성적 자극을 제시하고, 불안을 느끼지 않으면 점차로 강한 자극을 제시해 나가는 것이다. 이를 통해 성에 대해 불안을 느끼는 예민성을 점차로 둔화시켜 나갈 수 있다.

현장노출 기법in vivo exposure은 좀 더 직접적으로 실제 성적 장면에 노출시킴으로써 불안을 극복하도록 유도하는 방법이다. 성에 대한 불안을 지닌 사람은 성적 자극이나 장면을 회피하기 때문에 성이 결코 위협적인 것이 아니라는 것을 배울 기회를 갖지 못한다. 따라서 현장노출 기법은 실제적인 성적 자극을 반복적으로 직면하도록 하여 성에 대한 불안감을 감소시킨다. 이 기법을 적용할 때는 불안을 조절할 수 있는 방법예: 주의전환법, 호흡법, 긴장이완법 등을 미리 습득시킨 후에 실제 자극에 노출시키는 것이 일반적이다. 이 밖에도 성에 대한 긍정적 감정과 성적 흥분을 유도하는 다양한 조건형성 기법이 적용되기도 한다.

성기능 장애의 정신역동적 치료 방법도 결국은 성에 대한 불안을 감소시키는 데에 초점을 두고 있다. 성에 대한 불안이나 죄의식이 무의식적 갈등에 의해서 초래된다는 전제하에 이러한 갈등을 탐색하고 자각하도록 유도한다. 정신역동적 치료에서는 어린 시절 부모와의 관계에서 경험했던 갈등이나 충격적인 성경험들이 무의식적으로 잠복하여 현재의 성생활에 미치고 있는 영향을 탐색하게 된다. 이러한 무의식적 갈등의 내용을 탐색하고 치료자의 해석을 통하여 자각함으로써 갈등이 완화되고 그 결과 성에 대한 불안이 감소할 수 있다는 것이다. 이처럼 성에 대한 불안을 감소시키거나 제거하는 것이 성치료에 있어서 중요한 요소다.

3) 태도와 사고의 변화

성기능 장애에 대한 인지 이론에서 설명하였듯이, 성에 대한 잘못된 태도와 사고가 성기능 장애를 초래할 수 있다. 성기능 장애를 지닌 사람들 중에는 성에 대해서 현실적으로 실현될 수 없는 과도한 기대나 신념을 지니는 경향이 있다. 특히 '나는 반드시 ~해야 한다.' 또는 '나는 절대로 ~해서는 안 된다.'라는 형태의 신념(예: 나는 반드시 상대방을 만족시켜 주어야 한다, 나는 절대로 발기에 실패하면 안 된다)은 성행위에 대한 과도한 부담과 불안을 초래할 수 있다. 때로는 성에 대한 잘못된 미신이나 금기 사항을 확고한 신념으로 지니고 있는 경우도 있다. 이와 같은 성에 대한 역기능적 신념을 탐색하여 교정하는 것은 성치료에 있어서 중요하다.

또한 성기능 장애를 지닌 사람들은 성행위 시에 자신과 상대방의 반응을 왜곡하여 부정적인 생각을 하는 경향이 있다. 이들은 성행위를 수행하면서 자신이 성행위를 적절하게 수행하고 있지 못하여 상대방이 실망하고 있고, 그 결과는 치명적인 것이라는 부정적인 생각들을 자주 하는 경향이 있다. 성기능을 위축시키는 부정적 사고는 현실을 과장하거나 왜곡하는 경우가 많다. 따라서 성행위 시에 떠오르는 부정적 사고가 비현실적인 것이라는 것을 자각하게 하여 좀 더 긍정적이고 유연한 생각으로 대체하도록 유도함으로써 성기능의 문제가 현저하게 개선될 수 있다.

4) 성적 기술의 학습

성기능을 향상시킬 수 있는 구체적인 성적 기술sexual skill을 가르치는 것이 성치료의 중요한 요소다. 이는 개인이 지니고 있는 성기능 문제를 개선시킬 수 있는 구체적이고 체계적인 방법을 치밀한 계획 하에 훈련시키는 것이다. 예컨대, 조루증의 경우 사정을 지연시키는 방법을 습득시킬 수 있다. 이러한 성적 기술의 학습은 매스터스와 존슨의 연구 이후에 성치료의 주된 부분을 이루고 있다.

성치료에서 사용하는 성기술 훈련은 매우 다양하다. 성적 흥분이 고조되고 절정감에 이르는 각 단계별로 성기능을 향상시키는 다양한 훈련 프로그램이 개발되어 사용되고 있다. 조루증의 경우 사정에 관련되는 신체적 변화에 대한 자각 훈련을 비롯하여, 자위행위를 통해 점진적으로 사정을 조절하는 훈련이 있다.

발기장애나 절정감 장애의 경우에는 신체적 감각을 긍정적 이고 성적인 것으로 받아들이고 부적절한 자극에 대한 생각을 배제하여 성적 흥분과 발기를 유도하는 성적 초점 기술sexual focusing skill 등이 있다. 여기에는 성행위 시에 성적 자극에 주의 를 기울이고 긍정적인 신체상body image을 증진시키며 성적 흥 분을 억제하는 불안과 주의산만을 최소화하는 구체적인 프로 그램들이 있다. 이러한 프로그램들은 비성기적 접촉에서부터 성기 삽입을 통해 성교에 이르는 일련의 과정을 성공적으로 수행할 수 있는 다양한 과제로 구성되어 있다. 이러한 방법들 은 성반응 단계에 관여하는 성적 반응에 대한 조절 능력을 증 진시킨다.

성기능의 문제를 지닌 사람에게 성적 흥분을 높이고 절정 감을 경험할 수 있는 성행위 체위나 성행위 기술을 학습시키 는 방법도 있다. 절정감을 느끼지 못하는 부부의 경우, 성적 흥분을 높일 수 있는 특정한 체위와 자극 방법을 구체적으로 알려줌으로써 절정감을 경험하게 할 수 있다. 조루증도 성행 위 시에 특정한 체위나 성교 방법을 사용하면 사정을 지연시 킬 수 있다. 이처럼 성적 흥분을 유발하는 애무 방법, 사정이 나 절정감을 조절하는 성교 체위나 성교 방법 등의 기술을 습득시킴으로써 성기능 문제가 개선될 수 있다.

이 밖에도 원활한 성행위를 증진하는 주변 환경과 분위기를 조성하는 방법을 학습시키기도 한다. 예컨대, 성기능을 억제하는 외부자극(예: 업무나 자녀)을 차단하고 성행위에 집중할 수 있는 환경조성 방법, 성적 흥분을 높일 수 있는 분위기를 흥미롭고 창의적으로 창출하는 방법, 부부간의 성적 친밀감과 흥분을 증진시키는 대화 기법, 성적 흥분을 높이고 성기능을 향상시키는 보조도구 사용 등이 있다.

5) 효율적인 의사소통과 풍요로운 성생활

성기능 장애의 원인들(2장 참조)을 종합해 보면, 불만족스러운 성행동의 상당 부분은 인간관계의 역기능과 밀접한 관련을 지닌다. 효과적이지 못한 의사소통의 문제점이 폭력이나 학대와 같은 심각한 부부 문제를 일으킨다는 사실(Burleson & Denton, 1997)에서 알 수 있듯이, 부부 및 커플 관계의 대다수 문제는 부적응적인 의사소통의 문제로부터 기인한다. 바꾸어 말하면, 효율적인 의사소통은 건강하고 발전적인 관계의 지표가 될 뿐만 아니라 행복하고 만족스러운 관계를 유지하는 데 매우 중요한 역할을 담당한다(Dindia, 2003).

그러나 불행히도, 남성과 여성은 자신의 성별에 따라 의사소통의 방식에 있어서 상당한 차이를 보인다.

남성	여성
• 정보 습득을 주목적으로 의사소통함	• 친밀감 향상을 주목적으로 의사소통함
• 부가의문문 또는 의문문을 잘 사용하지 않음	• 부가의문문 또는 의문문을 자주 사용함
• 여성의 언어는 시시하고 무능력한 것으로 간주함	• 남성의 언어는 무례하고 권위적인 것으로 간주함
• 문제를 해결하기 위한 목적으로 경청함	• 상대방의 경험을 더 잘 이해하기 위한 목적으로 경청함
• 의견 불일치와 논쟁을 즐기는 편임	• 유사점을 찾으려 하고 불일치를 회피하는 편임
• 경청하면서 눈을 가늘게 뜨거나, 눈살을 찌푸리는 편임	• 경청하면서 미소를 짓거나, 고개를 잘 끄덕이는 편임
• 표정의 변화나 반응이 많지 않음	• 표정과 정서적 반응을 자주함
• 비언어적 의사소통 단서들에 관심이 없음	• 비언어적 의사소통 단서들에 많은 관심을 보임
• 몸 바깥쪽으로 제스처를 사용함	• 몸 안쪽으로 제스처를 사용함
• 상대방 여성의 눈 맞춤을 관심이나 성적 유혹의 표현으로 오해함	• 상대방 남성의 눈 접촉 부족을 무관심으로 오해함
• 행위 위주의 내용을 이야기하며, 관계에 대해서는 직접적으로 이야기하지 않는 편임	• 감정적 교류나 관계 양상에 대해 더 자주 이야기하는 편임
• 거절의 메시지를 개인적으로 받아들이지 않음	• 거절의 메시지를 개인적으로 받아들임

출처: Carroll (2007).

이성과 효율적으로 의사소통하기 위해서는 상대방의 의사소통 방식을 이해하고, 성별에 따른 의사소통의 차이가 존재함을 수용하는 자세가 필요하다. 모든 변화의 시작은 객관적인 관점으로 현재의 문제점을 관찰하는 것으로부터 시작된다. 따라서 자신과 상대의 의사소통 방식을 관찰하고, 변화가 필요한 부분을 파악하는 것이 첫 번째 과정이 될 수 있다.

효율적인 의사소통을 위해서는 비방어적인 태도로 적극적인 경청을 해야 한다. 즉, 방어적인 태도를 버리고 상대방의 말에 집중하도록 하며, 고개를 끄덕이거나 눈을 적절히 맞춤으로써 경청하고 있음을 인지시키며 경청하는 자세가 필요하다는 것이다. 또한 대화의 내용이 상대방과의 현재 관계, 기분 상태, 성별 등에 따라 달리 전달되거나 이해될 수 있음을 감안하여 의사소통하는 것이 중요하다.

적극적인 경청 이후에는 적절한 단계별로 자기개방을 하는 것이 중요한데, 파트너와 대화하고 감정을 나누며 자신의 이야기를 털어놓는 것은 친밀감과 성적인 만족까지 높여 줄 수 있다. 또한 자신이 원하는 바를 명확하고 진솔하게 표현하는 것이 중요하다. 성적인 부분을 타인에게 요구하는 것이 편하게 여겨지지 않는 문제일지라도, 풍요로운 성생활을 향유하기 위해서는 자신이 원하는 바를 단계적이고 상호적인 자기개방의 과정으로 솔직하게 공유하는 것이 필요하다.

좋은 연인은 마음을 잘 읽어 주는 사람이 아니라, 상대방의
이야기를 잘 경청하고 기꺼운 마음으로 의사소통하는 사람이
다. 효율적인 의사소통 기술은 풍요로운 성관계를 포함한 모
든 적응적 관계에서 공통적인 요소에 해당한다. 성과 관련된
대화를 껄끄럽고 부정적이며 감추어야 할 것으로 간주한다면
성행동은 시작부터 삐걱거릴 수밖에 없다. 성을 올바로 이해
하고 상대방의 요구와 바람에 귀를 기울여 따뜻한 대화로부터
시작한다면, 인간의 성행동은 보다 풍요로운 삶의 일부분이
될 수 있다. ◆

참고문헌

권석만(2013). 현대 이상심리학(2판). 서울: 학지사.

홍성묵(1999). 아름다운 사랑과 성. 서울: 학지사.

American Psychiatric Association (2013). Diagnostic and Statistical Manual of Mental Disorders (5th ed.). Arlington, VA: American Psychiatric Association.

Burleson, B. R., & Denton, W. H. (1997). The relationship between communication skill and marital satisfaction: Some moderating effects. *Journal of Marriage and Family, 59*(4), 884–894.

Carroll, J. L. (2007). *Sexuality now: Embracing diversity* (2nd ed.). Belmont, CA: Wadsworth Cengage Learning.

Davison, G. C., & Neale, J. M. (1996). *Abnormal psychology* (6th ed.). New York: Wiley.

de Venct, H. (1988). *A new encyclopedia of sex.* London: Marshall Cavendish.

Dindia, K. (2003). Definition and perspectives on relational maintenance communication. In D. J. Canary (Ed.), *Maintaining relationships through communication: Relational, contextual, and cultural variations* (pp. 1–73). Mahwah, NJ: Erlbaum.

Kaplan, H. S. (1974). *The new sex therapy*. New York: Brunner/Mazel.

Masters, W. H., & Johnson, V. E. (1970). *Human sexual inadequacy*. Boston, MA: Little & Brown.

Moreira, E. D. Jr., Kim, S. C., Glasser, D., & Gingell, C. (2006). Sexual activity, prevalence of sexual problems, and associated help-seeking patterns in men and women aged 40–80 years in Korea: Data from the Global Study of Sexual Attitudes and Behaviors (GSSAB). *Journal of Sexual Medicine, 3*(2), 201–211.

Pfizer. (2002). Pfizer global study of sexual attitudes and behaviors. Retrieved from http://pfizerglobalstudy.com

Sutker, P. B., & Adams, H. E. (1993). *Comprehensive handbook of psychopathology* (2nd ed.). New York: Plenum Press.

Walen, S. R., & Roth, D. (1987). A cognitive approach. In J. H. Geer & W. T. O' Donahue (Eds.), *Theories of human sexuality* (pp. 335–360). New York: Plenum Press.

찾아보기

《인 명》

이윤수 21

홍성묵 23

Bandura, A. 17
Beck, A. T. 88

Freud, S. 16

Kaplan, H. S. 53

Nemetz, G. H. 128

Winczem J. P. 94

《내 용》

감각집중법 116
거세불안 83
고조 단계 33, 35
관찰자적 역할 74

남근선망 85
남성 성욕감퇴 장애 46
남성의 성반응 주기 34

모델링 130

발기장애 50
복합음경확대술 158
불감증 60
불응기 38
비아그라 25

생식기-골반 통증/삽입 장애 66

성교육 176
성기능 장애 33
성반응 단계 33
성반응 주기 33
성에 대한 역기능적 신념 90
성욕 15
성의 가치체계 114
성적 외상 77
성적 초점 기술 181
성치료 운동 111
성행동 14
수면발기검사 52
스퀴즈 기법 120
스탑-스타트 기법 139

여성 성적 관심/흥분 장애 59
여성 절정감 장애 64
여성의 성반응 주기 38
역사적 원인 72, 73
역설적 의도 166
오이디푸스 콤플렉스 17, 84

욕구 단계 33, 34
유아성욕설 16
의사소통 182
임포 50

자기초점적 주의 92
자위행위 훈련 132
절정 단계 34, 36
조루증 54
즉시적 원인 72
지루증 57

체계적 둔감법 128

케겔 훈련 169
쿠퍼샘 35

해소 단계 34, 37
현장노출 기법 178
휴지기 38

◎ 저자 소개

하승수(Ha, Seung-Soo)

서울대학교 심리학과를 졸업하고 동 대학원에서 임상·상담심리학을 전공하여 석사학위를 받았으며, 미국 University of Texas at Austin에서 clinical psychology를 전공하여 M.A.를 받은 뒤, 서울대학교에서 임상·상담심리학을 전공하여 박사학위를 받았다. 서울대학교병원 정신의학과에서 임상심리학 수련과정을 수료하였고, 서울대학교 대학생활문화원에서 위기상담팀 전문상담원으로 근무하였다. 임상심리전문가, 사람과 사람 상담센터 자문교수이며, 현재 한양사이버대학교 상담심리학과 교수로 재직하고 있다. 주요 역서로는 『인생을 향유하기』(공역), 『외상의 치유 인생의 향유』(공역), 『행동활성화치료』(역), 『기능분석치료』(역) 등이 있다.

ABNORMAL PSYCHOLOGY 15

성기능 장애 감추면 심리장애, 이해하면 삶의 행복
Sexual Dysfunction

2000년   7월 20일 1판 1쇄 발행
2011년 11월 28일 1판 4쇄 발행
2016년 11월 15일 2판 1쇄 발행
2021년   3월 25일 2판 2쇄 발행

지은이 • 하승수
펴낸이 • 김진환
펴낸곳 • (주) **학지사**

    04031 서울특별시 마포구 양화로 15길 20 마인드월드빌딩
대표전화 • 02)330-5114   팩스 • 02)324-2345
등록번호 • 제313-2006-000265호

홈페이지 • http://www.hakjisa.co.kr
페이스북 • https://www.facebook.com/hakjisabook

ISBN 978-89-997-1015-5 94180
       978-89-997-1000-1(set)

정가 9,500원

이 도서의 국립중앙도서관 출판시도서목록(CIP)은 서지정보유통지원시
스템 홈페이지(http://seoji.nl.go.kr)와 국가자료공동목록시스템
(http://www.nl.go.kr/kolisnet)에서 이용하실 수 있습니다.
(CIP 제어번호: CIP2016025888)

출판 · 교육 · 미디어기업 학지사

간호보건의학출판 **학지사메디컬** www.hakjisamd.co.kr
심리검사연구소 **인싸이트** www.inpsyt.co.kr
학술논문서비스 **뉴논문** www.newnonmun.com
원격교육연수원 **카운피아** www.counpia.com